정인택의 법인컨설팅십

초판 인쇄 2016년 6월 17일
초판 발행 2016년 6월 30일

지은이 정인택
펴낸이 김광열
펴낸곳 (주)스타리치북스

출판책임 이혜숙
책임편집 한수지
출판진행 안미성
편집교정 이상희
본문편집 권대홍 · 조인경
경영지원 공잔듸 · 권다혜 · 김문숙 · 김지혜 · 김진영 · 김충모
　　　　　 문성연 · 박지회 · 신자은 · 유다윤 · 이광수 · 이지혜
　　　　　 정은희 · 정종국 · 한정록 · 황경옥 · 허태연

등록 2013년 6월 12일 제2013-000172호
주소 서울시 강남구 강남대로62길 3 한진빌딩 3~8층
전화 02-2051-8477

스타리치북스 페이스북 www.facebook.com/starrichbooks
스타리치북스 블로그 blog.naver.com/books_han
스타리치 잉글리시 www.starrichenglish.co.kr
스타리치몰 www.starrichmall.co.kr
홈페이지 www.starrich.co.kr
스타리치 기업가정신 www.ceospirit.co.kr

값 17,500원
ISBN 979-11-85982-24-3 13190

前無後無 ING생명 5년 연속 FC 챔피언

정인택의
법인 컨설팅십

CONSULTING SHIP

| 정인택 지음 |

StarRich
B o o k s

보험영업은 고객의 마음속에 잠재해 있는 니즈, 그래서 고객이 미처 인지하지 못한 니즈를 현재화하는 어려운 과정입니다. 게다가 보험은 자동차나 텔레비전처럼 눈으로 보고 손으로 만질 수 있는 유형의 상품도 아닙니다. 일부에선 보험영업을 '무에서 유를 창조하는 과정'으로 보기도 합니다.

사명감 없이는 보험영업을 할 수 없습니다. 고객을 진정으로 생각하고 위하는 마음이 없으면 오랫동안 보험영업을 할 수 없습니다. 가정경제와 행복의 최후 보루로서 보험의 가치를 전달하겠다는 신념과 확고한 철학이 있어야 가능한 일입니다. 그런 점에서 정인택 FC는 참으로 본보기가 되는 분입니다. 오랫동안 FC job을 지속하고 있을뿐더러 2016년까지 5년 연속으로 챔피언 자리에 오른 사실 자체가 모든 걸 말해줍니다.

정인택 FC의 영업 노하우와 철학이 궁금하던 차에 접하게 된 출간 소식은 여간 반갑지 않았습니다. 그에겐 널리 전파되고 공유되어야 할 Best practice가 많습니다. 당장 생명보험업계의 많은 FC가 1차 독자가 될 것이라고 생각합니다. 그를 배우고 닮고자 한다면 우리의 보험문화도 달라지지 않을까 기대합니다. 또한 고객들도 이 책을 통해 보험의 중요성을 다시 한 번 느끼고, 더 나아가 보험 영업인의 진정성과 신념을 확인할 수 있을 것이라 생각합니다. 보험업계에서 30여 년간 몸담으며 여러 보험인을 두루 접하고 만난 경험으로 볼 때, 정 FC는 진정 존경받을 만한 챔피언입니다. 정 FC의 경험에서 우러나온 금과옥조와 같은 이 책이 널리 읽혀서 많은 이에게 영감을 주고 좌표 역할을 했으면 합니다.

출간을 진심으로 축하드리고 정인택 FC의 건승을 기원합니다.

ING생명 대표이사 사장 정문국

존경하고 사랑하는 정인택 FC님의 책 출간을 진심으로 축하드립니다.

업계 최고의 법인컨설팅 능력을 발휘해 수많은 법인 CEO에게 직접적인 도움을 주시는 정인택 FC님께서 본인의 경험과 노하우를 글로 나누신다고 하니 독자의 한 사람으로서 대단히 감사하고 고마울 뿐입니다.

ING생명의 5년 연속 챔피언이라는 타이틀이 말해주듯이, 정인택 FC님은 누구도 넘볼 수 없는 최고의 컨설팅 능력과 영업력을 가지고 있습니다. 그러나 그 이전에 고객을 하늘처럼 섬기고 더 좋은 컨설팅을 위해 밤새워 공부하며, 동료와 후배들에게 아낌없이 시간을 투자하고 기부와 봉사를 실천하는 참 영업인이기에 우리는 그를 존경하게 됩니다.

그동안 수많은 출간 권유에도 늘 겸손하셨던 분이 드디어 펜을 들었다는 소식을 듣고 많이 설레었습니다. 영혼이 깃들어 있는 글자 한 자 한 자와 살아 숨 쉬는 내용을 읽고 많은 영업인이 성공 경험을 체험하실 수 있을 것으로 기대합니다.

다시 한 번 출간을 축하드립니다.

ING생명 FC채널본부장 부사장 **곽희필**

ING생명 5년 연속 FC Champion, '생명보험협회' 최초 모범우수 인증설계사, MDRT 종신멤버(MDRT 3년, COTcourt of the table 5년, TOTtop of the table 4년), 기부천사. ING생명 정인택 명예상무의 경력 중 일부만 간추린 것이다. 특히 보험 세일즈 최고의 영예인 FC Champion을 5년 연속 수상했다는 것은 국내에서도 전무후무한 사례라 할 수 있다. 한마디로 그는 보험업계에서 살아 있는 전설로 통하는 인물이다.

무엇이 그를 최고 자리에 올려놓았을까? 분명 다른 세일즈맨과는 구별되는 행보가 있었기에 가능한 일이 아니었을까? 그의 글을 보면 다음 몇 가지로 정리할 수 있다.

보험 세일즈의 성격상 사람 만나는 것을 귀찮아하고 두려워해서는 안 된다. 그런데 그는 천성적으로 사람과의 인연을 즐긴다. 그런 점에서 그는 타고난 세일즈맨이다. 또한 그는 항상 공부하고 연구하는 삶의 자세가 몸에 배어 있다. 재정컨설팅은 짧은 상식으로만 접근해서는 성공하기 어렵다는 것을 잘 알고 있기 때문이다. 그는 국내외 많은 대학의 최고경영자과정을 수료하는 등 1년 365일 꽉 찬 스케줄 속에서도 새로운 지식을 받아들이는 노력을 멈추지 않는다. 마지막으로 과감한 재투자를 주저하지 않는다. 자신과 고객 간의 일대일 관계로 그치지 않고 고객과 고객 간의 네트워크를 구성하여 정보 공유의 장으로 확장한다. 이를 위해 적지 않은 사비를 들여 다양한 모임과 행사를 정기적으로 개최한다. 이러니 고객의 마음을 사로잡지 않을 수 없으며, 마음에서 우러나오는 소개와 추천이 일어나지 않을 수 없다. 한편 사람을 향하는 그의 철학은 봉사활동으로도 실천되고 있다.

그의 성공이 단지 세일즈 노하우만으로 이룩되었다고는 생각하지 않는다. 이 글에서 눈여겨봐야 할 것은 보험 세일즈 노하우뿐만이 아니다. 목표를 세우면 반드시 해내고야 마는 실천철학을 눈여겨보길 바란다. 목표를 세우는 것은 쉽지만 실천하기는 만만치 않다.

그는 각고의 노력과 인내를 발휘해 그것을 해냈다. 그래서 그의 글이 단지 보험업계 종사자만 읽어야 할 책이라고 생각하지 않는다. 삶을 어떻게 설계하고 어떻게 살아가야 하는지 몸소 실천한 살아 있는 경험을 담았기에 더욱 와 닿는지도 모르겠다.

정인택 명예상무의 자서전 출판을 진심으로 축하하며, 지금까지 그래왔듯이 앞으로도 다른 사람에게 삶의 멘토가 되길 바란다.

허시파피코리아㈜ 대표이사 회장 정윤수

ING생명에서 보험재정컨설턴트로 13년째 일하고 있는 정인택 FC는 수많은 CEO 고객한테 전문성과 성실함, 명쾌한 법인컨설팅 능력 등에서 인정받고 있으며, 또한 소외된 이웃을 위해서도 기부를 마다하지 않는 아름다운 모습과 고객을 위한 투자를 한결같이 10년 넘게 지속적으로 하고 있는 보험영업의 진정한 챔피언으로서 충분히 존경을 받을 만합니다.

보험업계에서도 타의 추종을 불허하는 경이적인 기록으로 ING생명 5년 연속 FC Champion의 영광스러운 주인공이자 FC 조직 내에서 최초로 명예상무로 승진한 정인택 FC와는 10여 년 전부터 고객으로 만나 인연을 맺고 있던 터에, 이번에 현장에서 겪은 생생한 체험을 담은 책을 출판한다니 진심으로 축하드립니다.

정인택 FC는 우리 회사를 수시로 방문하여 다양한 정보를 제공해 주었으며 특히 기업 인수·합병 시기에 받은 세심한 자문은 큰 도움이 된 기억이 생생합니다. 수많은 FC의 선망인 FC Champion에 한 번도 아니고 5년 연속 등극할 수 있었던 것은 이 같은 정인택 FC 특유의 성실함과 부지런하고 전문적인 지식으로 승부하는 적극적인 자세가 많은 고객의 마음을 사로잡았기 때문이 아닌가 하는 생각을 해봅니다.

매년 연간 2회씩 1박 2일 CEO 초청 골프대회를 10년째 정기적으로 그것도 정인택 FC의 전액 스폰으로 200명씩 초청하여 골프를 통해 비즈니스 인맥 네트워크를 만들어주기도 하고, 연말연시가 되면 뮤지컬과 음악회에 초대하여 즐거운 시간을 만들어준 고객을 사랑하는 배려는 감동을 주기에 충분하였습니다.

고객들을 챙기는 데서 더 나아가 사회에서 소외되고 어려운 처지에 있는 시설 아이들과 어린이들에게 솔선하여 지원을 아끼지 않고 꾸준히 봉사를 실천해오고 있는 정인택 FC에게 뜨거운 박수를 보냅니다.

정인택 FC의 열정과 노력이 담겨 있는 이 책이 성공적인 삶의 모습을 비춰주어 많은 사람에게 성공과 행복으로 가는 길을 안내해주리라 믿습니다.

정인택 명예상무의 이번 출판을 기쁜 마음으로 거듭 축하드리며, 앞날에 더 큰 발전과 영광이 함께하시길 기원합니다.

광인산업㈜ 대표이사 회장 / 前 ㈔한국주택관리협회 회장 김형주 세계 경제는 이미 무한경쟁 시대에 돌입했다. 전 세계가 인접 지역 끼리 FTA를 맺어 단일 시장 규모를 확대하고 교역량을 늘리기 위해 고민하고 또 고민하는 비상 경영을 시작한 지 이미 오래되었다. 국가의 성존 전략에 발맞추어 기업들은 저마다 해외 시장에 진출해 새로운 먹거리를 찾아 분주히 움직이고 있다. 대한민국은 세계 10대 경제규모를 자랑하는 작지만 강한 나라로 발돋움하고 있다.

이러한 성장국면에는 적지 않은 중소·중견기업에 기반을 둔 수많은 기업인의 역할이 있었다. 그러나 초고속 성장을 거듭해온 수많은 기업이 결국 막대한 상속서 부담, 후계사장 준비 부족으로 창업주의 철학과 경영이념을 지켜내지 못하고 기업의 영속성을 유지하지 못한 채 문을 닫는 경우를 수도 없이 지켜보았다. 그리고 중소·중견기업 CEO들에게 도움이 되는 일을 하고자 벤처기업 CEO 자리를 과감히 던지고 100년 이상 장수기업을 육성하려는 수많은 기업의 동반자가 되고자 중소·중견기업 CEO 전문 컨설팅을 시작한 지 13년이 넘었다. 그동안 법인컨설팅 현장에서 5년 연속 FC Champion을 수상하도록 해준 남다른 컨설팅 전략을 직접 수많은 기업인에게 전했고, 현장 상담에서 경험한 다양한 사례를 토대로 중소·중견기업 오너 기업인들한테는 100년 이상 장수기업으로 기업을 승계하기 위한 솔루션을 드리려고 노력하였다. 여기에 일선 영업현장에서 기업 전문 FC가 되고자 하는 수많은 보험업계 동료 FC한테도 전문적 지식에 입각한 고객관리와 인맥관리를 통한 성과 창출에 대해 나름대로 경험담을 생생하게 전하고자 이 책을 쓰게 되었다.

통계에 따르면 전 세계에서 100년 이상 존속하는 기업의 수가 일본은 무려 3,100개 이상이고, 독일은 1,500개 이상, 프랑스는 300개 이상인 데 반해 우리나라에서는 고작 3개 기업만이 100년 이상 된 장수기업으로 명맥을 유지하고 있다고 한다.

'부자는 3대를 못 간다'는 속담이 있다. 이것은 비단 우리나라에만 있는 속담이 아니라 미국, 독일, 중국 등지에도 비슷한 속담이 있다. 전 세계 부자가문을 연구한 자료에 따르면, 부가 3대까지 유지되는 비율은 10% 정도에 불과하다는 사실을 알 수 있다.

그럼 무엇이 문제란 말인가?

대다수 1세대 창업주는 밤낮 없이 기술을 개발하고 신시장을 개척했으며 경쟁에서 살아남기 위해 과제를 극복한 결과 기업을 태생시켰다. 하지만 성장가도에서 잘될 때와 잘되지 않을 때를 구분하여 이에 대한 대비와 준비를 잘해야 하는데도 먼 앞날을 내다보지 못하고 현실에만 안

주한 나머지 세금문제를 극복하지 못한 경우가 많았다. 또 후계자 양성을 체계적으로 하지 못하고 100년 이상 장수기업으로 성장·발전시키겠다는 꿈 앞에서 좌절하는 모습을 많이 봐왔다.

그래서 앞으로도 영업현장에서 수많은 기업인을 만나면서 100년 이상 장수기업을 육성하겠다는 신념으로 그분들의 영원한 동반자가 되어 기업이 안고 있는 후계사장 육성, 가업승계, 상속, 증여, 명의신탁 주식, 개인사업자 법인전환, 기업 인수·합병 등과 같은 다양한 솔루션을 제공할 것이다. 또 후계자 육성, 상속세 재원 마련이라는 가장 핵심적인 컨설팅을 실시해 100년 이상 장수기업을 육성하는 데 기업인들의 동반자이자 파이낸셜 컨설턴트로서 사명감을 가지고 최소한 상속세 문제로 회사가 문을 닫는 사례가 더는 나오지 않도록 하고 싶다. 그리하여 대한민국의 모든 중소·중견기업이 100년 이상 장수기업으로 성장·발전하는 데 함께 가는 FC가 되고자 한다.

이 책을 출간하는데 다양한 법인컨설팅 상담 사례를 싣도록 허락해 주시고 많은 도움과 격려를 해주신 허시파피코리아㈜ 정운수 회장님, 한난엔지니어링㈜ 신동호 회장님, 광인산업㈜ 김형주 회장님, ㈜베스텍 경세용 회장님, ㈜비지아이커뮤니케이션 정남선 대표님과 주순업 이사님, 다산팩㈜ 윤평옥 대표님과 김진희 전무님, ㈜네오피에스 안복희 대표님, 정진회계법인 전이현 대표회계사님, ㈜이노디스 박해신 대표님, 에스엔엔지니어링㈜ 우문식 대표님, ㈜파워엔지니어링 김진만 대표님, 스마트물류㈜ 권정국 회장님, ㈜영일패키지 장성기 대표님, 유씨티코리아㈜ 안

붕혁 회장님, 썬에스지엠㈜ 곽인효 대표님, ㈜우인메디텍 함철훈 대표님, 신풍PI㈜ 기세만 회장님, 시그마전자㈜ 정도용 대표님, ㈜대영토건 조근호 회장님, ㈜넥슨화장품 박상기 대표님, ㈜씨이텍 임은재 대표님, ㈜성진테크 문용규 대표님, 삼진포장 고영득 대표님, ㈜미주아이디어 고은택 대표님과 고지환 부사장님을 비롯한 많은 중소·중견기업 CEO 고객님들께 진심으로 감사 인사를 드린다.

또한 항상 응원해주시고 골프대회 때마다 웃음과 재미를 선사해주시는, 단일 방송사상 최초로 30년을 진행해온 MBC 라디오 '싱글벙글쇼'의 강석 형님과 김혜영 누나, 영원한 멘토이자 VVIP CEO 고객 초청 골프대회가 있을 때면 어디라도 달려와 사회를 봐주시는 대한민국 최고의 사회자이신 방송인 김종석 형님, 우리 아이들의 멘토이신 MBC 김세용 형님, 삶의 조언자이자 영원한 형님이신 서울대학교 공과대학 박찬국 교수님과 둘도 없는 좋은 친구 조재열 교수님, 기업의 성장 동력을 늘 고민하면서 많은 자문을 해주시는 KAIST 이의훈 교수님, 서울대학교 자연과학대학 SPARC과정 오종남 명예주임교수님과 이강근 주임교수님께 진심으로 감사하다는 말씀을 전하고 싶다.

ING생명에서 항상 응원해주시고 고객들과 동료들한테 사랑받고 존경받는 FC가 되도록 늘 지도편달을 해주시는 정문국 대표이사 사장님과 곽희필 부사장님, 박익진 부사장님 그리고 정진욱 서울 4본부장님을 비롯한 ING생명 각 본부장님들과 정대성 세종지점장님, 권인규 차장님, 윤재성 부장님과 송정호 차장님, 함께 고민하며 서로 경험을 공유하고 훌륭한 조언을 아끼지 않는 영원한 스터디 멤버 로얄 스터디, 크레센도,

ICC 선후배님들께 머리 숙여 감사의 인사를 드린다.

또한 이 책을 출간하도록 권유하고 도움을 주신 스타리치북스 김광열 대표님과 실무적으로 총괄 조력자 역할을 해주신 이혜숙 이사님, 한수지 팀장님께도 진심으로 감사를 드린다.

지금도 영업현장 어디에선가 개인과 기업 컨설팅을 위해 수도 없는 거절과 문전박대를 당하면서도 모든 것을 감내하며 종합자산관리사이자 재무상담사로서 역할을 수행하고 있을 대한민국의 모든 FC님을 응원하며 그들에게도 감사의 말씀을 드린다.

매일같이 밤늦게 귀가하여 아이들한테도 항상 미안하기만 한데, 그런 아빠를 이해해주고 스티븐 스필버그를 능가하는 훌륭한 영화감독이 되겠다는 큰 꿈을 가슴에 품고 잘 자라준 사랑하는 아들 대훈이, 스티브 잡스와 빌 게이츠를 뛰어넘어 세계에서 가장 존경받는 혁신기업의 최고경영자가 되겠다는 사랑하는 딸 혜린이한테는 인생은 항상 도전하는 자만이 더 큰 미래를 기대할 수 있고, 더 넓은 세상에서 언젠가는 그 꿈이 현실이 되는 순간을 반드시 지켜보고 싶다는 얘기를 해주고 싶다.

마지막으로, 항상 곁에서 응원해주고 고객 컨설팅에 전념할 수 있도록 이해해주고 힘들 때 옆에서 많은 힘이 되어준 사랑하는 아내 유경희에게도 진심으로 감사하고 또 고맙게 생각한다.

Contents

10년 동안 지속적으로 투자하그 노력하고 공부혀자.

보험과 세금 문제를 연관 짓기 위해 세무사·회계사·변호사디게

적극적으로 자문하며 공부혀자.

열정을 불살라 챔피언 자리에 오르자.

PART **1**

보험,
길이 없으면
만들어라

보험업계에 발을 들이다

🔑 보험영업에 왕도나 비법은 없다

2016년 4월 22일 코엑스에서 열린 '2016 ING CUP CONVENTION' 시상식에서 나는 다시 ING생명 FC(Financial Consultant, 재무설계사) 챔피언이 되었다. '챔피언'이라는 것은 회사 내에서 전체 1위를 의미하며, 그것도 2011년 영업부터 2015년 영업까지 5년 연속 FC 챔피언 자리에 오른 것이다.

2016년 ING생명 연도대상 시상식에서 나는 회사로부터 세 가지 특별한 선물을 받았다.

첫째, 명예이사인 로얄 라이언Royal Lion의 기록을 뛰어넘어 5년 연속 FC CHAMPION이라는 경이로운 기록을 달성한 공로를 인정받아 ING생명 FC 조직 내에서는 최초로 전무후무한 '명예상무'로 위촉을 받았다.

둘째, 회사 내 정문국 사장님과 곽희필 부사장님을 비롯한 많은 익

원, VIP CEO 고객분들의 축하와 격려의 글이 새겨진 동판을 선물받아 평생 소중히 간직할 수 있게 배려를 많이 해주셨다.

셋째, 13년여 동안 영업활동을 하면서 크고 작은 교통사고가 많이 났는데, 시간관리를 효율적으로 하고 안전한 영업활동에 매진할 수 있도록 전속 운전기사를 지원받게 되었다.

이 모든 선물이 13년여 동안 많은 땀을 흘리고 지치지 않는 열정과 노력을 기울인 끝에 얻은 결실과 선물이라는 점에서 나를 지탱해준 ING 생명이라는 회사와 함께 험난한 길을 걸으며 희로애락을 같이한 많은 동료 FC와 가족 그리고 친형제처럼 나에게 많은 도움을 주시고 애정을 베풀어주신 소중한 VIP 고객님들께 다시 한 번 감사의 인사를 드린다.

동료들이나 친지, 고객들에게서 축하 인사도 많이 받았다. 그들 모두에게 진심으로 감사했고 고객 숙여 감사의 인사를 드렸다. 2015년에는 2014년보다 더 많이, 2014년에는 2013년보다 더 많이 고개를 숙여서. 그리고 2016년에는 더욱 깊이 고개 숙여 감사 인사를 올린다.

이미 2003년부터 2012년까지 '3W3 per Week', 즉 '일주일에 3명 이상 보험 계약 체결'이라는 기록을 만 9년간 이어왔고 2012년부터 2016년까지 5년 연속으로 FC 챔피언 자리에 올랐지만, 보험영업은 여전히 만만치 않기에 다른 사람들 눈에 보이지 않는 나 자신만의 노력을 끊임없이 해왔으며 지금도 여전히 하고 있다.

'잘나가는 보험영업인'이라거나 '보험 챔피언'도 모자라 '보험왕'이라는 이름으로 불리게 되면서 나에 대한 사람들의 인식은 대략 이렇다.

"돈 많이 벌겠네."

"주위에 아는 사람이 무지 많은가봐."

"타고난 보험영업 체질이야."

예전에 비하면 수입을 꽤 많이 올리고 있고, 그 덕분에 사는 데 별 어려움은 없으니 감사한 일이다. 그렇지만 주위에 아는 사람이 많다는 말은 반쯤 맞고, 보험영업을 타고났다는 말은 아무래도 잘못 평가하는 것 같다. 주위에 아는 사람이 많다는 얘기는 어느 정도 맞는다. 그래서 보험업계에 입문했을 때 '내 수첩에 적힌 지인들만 계약해도 그까짓 챔피언쯤 따놓은 당상'이라고 생각했다. 그러나 그건 나만의 오만이고 착각이었다.

그렇게 오만하게 착각하며 환상에 빠져 있었다는 사실만으로도 '타고난 보험영업 체질'이라는 말은 맞지 않는다. 그렇다면 동료 보험영업인들은 못마땅하고 짜증스럽다는 표정을 지을지도 모르겠다. 그럼 도대체 어떻게 5년 연속 챔피언 자리에 올랐다는 말인가.

이제부터 내가 보험에 입문해서 지금까지 겪은 시행착오와 이 시행착오를 극복하기 위해 애썼던 기억을 더듬으며 나름대로 성공을 거둔 방법이라고 생각되는 노하우를 풀어놓으려고 한다. 사실 책 한 권에 보험영업에서 성공하는 지름길을 다 담기는 어렵다. 챔피언으로 가는 왕도는 더욱더 '이거다'라고 한마디로 제시할 수 없다. 무엇보다 비법이나 왕도 따위는 처음부터 없었다.

그러나 행여 내가 걸어온 길을 참고해서 새로운 길을 찾아내는 이들도 있지 않을까 하는 마음에 보험영업 인생을 이야기하려 한다. 비법이나 왕도는 없으며, 있다 허도 각자 자기가 놓인 환경에서 자기만의 방법으로 찾아내는 것이 곧 유효한 비법이자 진정한 왕도이기 때문이다.

🔑 13년 전 나는 '보험'의 '보'자도 몰랐다

2003년 보험업계에 입문했을 때는 '보험'의 '보'자도 모르는 완전 초보였다. 보험영업을 하겠다고 마음먹었으면서도 왜 보험을 들어야 하는지 몰랐다. 보험이 왜 필요한지, 보험을 들면 어떤 도움을 받을 수 있는지조차 모르는 사람이 "보험은 꼭 필요하고 보험이 있어야 안심할 수 있다"고 떠들고 다녀야 할 판이었다.

나는 그때 역삼동에서 1999년 창업한 조그만 벤처기업을 운영하고 있었다. 온라인 게임과 디지털 콘텐츠를 제작하고, 주로 교육용 솔루션을 만드는 회사였다. P2P를 활용한 솔루션과 애니메이션을 바탕으로 콘텐츠를 제작해 게임업체 등에 제공하거나 자체적으로 만들어 배포했다. 직원은 10여 명 정도였고, 연매출은 그리 많지 않은 조그만 중소기업이었다.

어느 날 S보험회사에 다니는 친구가 찾아와 보험을 들어달라고 했지만 계약하지 않았다. 벤처사업이 그렇듯 자금 여유가 없었고, 하루라도 빨리 사업이 자리를 잡게 하려면 내 몸 돌볼 틈도 없이 일해야 했기 때문에 보험을 들어 미래의 일에 대비할 마음의 여유가 없었다. 게다가 앞서 말했듯이, 나는 보험이 왜 필요하고 왜 꼭 들어야 하는지 전혀 감이 없었다. 친구한테는 미안했지만 "다음 기회에…" 어쩌고 하며 친구를 그냥 돌려보냈다.

하지만 얼마 후 더는 보험 가입 권유를 뿌리칠 수 없었다. 또 다른 친구의 권유로 종신보험에 가입했는데, 그 친구가 바로 ING생명 FC로 있었다. 보험설계사라는 직업이 FC, 즉 'Financial Consultant'라는 제법 멋진 영어 이름으로 불린다는 것을 그때 처음 알았다. 이후 그 종신보험을 두 번 더 증액 연장했고, 2003년 1월에는 역시 ING생명에서 일하는 또 다른 친구에게 종신보험을 계약했다.

결국 보험에 대해 전혀 감이 없는 상태로 '그렇게 좋다니 한 번 가입해보지 뭐' 하는 마음으로 보험계약자가 되었다. 그러나 내게 보험은 자세히 들여다보지도 않고 서랍 속에 처박아둔 서류 몇 장에 불과했고, 친구들에게서 보험계약 갱신 건으로 연락이 오면 듣는 둥 마는 둥 하는 그런 존재였다.

🔑 대한민국 가장은 종신보험을 들어야 한다?

벤처기업을 경영한 지 4년 정도 되던 어느 날, 2003년 1월에 종신보험을 계약했던 친구가 사무실에 놀러오라고 연락해왔다. 같은 중학교를 나와 고등학교 때 3년 연속 같은 반에서 공부한 인연이 있어서 웬만하면 시간을 내서 만나는 친구였다. 사무실로 오라는 걸 보니 고객에게 하듯 차 한잔 대접하려는 것인가 싶어 역삼동에 있는 ING생명 사무실로 들어섰다. 마침 그곳은 내 사무실과 가까웠다.

사무실에 가니 친구가 담당 매니저와 지점장을 소개해주었다. 알고 보니 보험업계 입문을 돕기 위한 일종의 직무설명회(CIS)를 하는 자리였고, 나 말고도 세 명이 더 와 있었다. 나는 그 자리에서 잠깐 보험에 대해 설명을 들었다.

사실 그 친구도 해운회사에서 근무하다가 2002년 12월 본격적인 워킹, 즉 보험영업을 시작한 초보자였다. 그렇기에 내게 보험 정보와 보험에 대한 확신, 특히 ING생명에 대해 믿음을 주려고 했던 모양이다. 친구가 힘을 주어 말했다.

"내가 보험 일을 하려고 여러 보험회사를 알아보았는데 ING만 한 곳이 없더라. 이 회사에 분명히 네가 원하는 답이 있을 거야."

당시 보험업계에서는 현장에서 뛸 인력을 확보하려고 경쟁이 치열했다. 그래서 담당 매니저와 지점장까지 나와서 나를 그 세계로 이끌려 했던 것이다. 그게 아니라 해도 나를 통해서 다른 고객들을 소개받고자 하는 의도가 있었던 것 같다.

그날 다른 세 명과 함께 교육용 비디오를 보면서 조금씩 마음이 흔들렸다. 남편이 갑작스럽게 세상을 떠난 뒤 그 부인이 아이와 함께 무척 힘들게 살아가는 내용이었다. 화면을 보는 동안 내 머릿속에는 2001년 6월 태어난 딸, 2002년 9월 태어난 아들 얼굴이 자리 잡았다. 그리고 내가 병에 걸리거나 갑자기 세상을 떠났을 때, 이제 겨우 걸음마를 뗀 어린아이들을 키우며 살아야 하는 아내 모습이 생생히 그려졌다.

불과 두 해 전 간암으로 세상을 떠난 친구의 얼굴도 떠올랐다. 2박 3일 동안 장례식장에 있으면서 남겨진 친구 부인의 참담하고 절망적인

얼굴을 제대로 보기 힘들었다. 남편을 잃은 슬픔도 슬픔이려니와 그 표정에는 '이제 어떻게 살아가나' 라는 암담한 절망이 생생하게 드러나 있었다. 보험도 들어놓지 않아 당장 치료비 정산도 어려운 사정이 딱해서 다른 친구들과 함께 십시일반 돈을 모아서 주었다. 그게 얼마나 도움이 되었는지 모르겠지만 죽은 친구의 누님이 손수 써서 보낸 감사 편지를 읽으며 더욱 마음이 아팠다.

비디오의 사연을 토면서 내 가족과 친구 부인의 얼굴을 떠올리는 사이, 어느덧 내 머릿속에 가득해진 생각에 나 자신이 더 놀랐다. 보험이 뭔지 관심도 없고 그걸 왜 들어야 하는지 필요성도 전혀 모르던 내가 그득 이런 생각을 하고 있었다.

'대한민국의 가장이라면 누구나 종신보험에 가입해야 하는구나.'

나는 뒤늦게야 보험의 중요성을 실감했지만, 사실 2000년대 초반 우리나라에는 보험 열풍, 특히 종신보험 열풍이 대단했다. 종신보험은 정기보험처럼 보험 기간을 한정하지 않고, 피보험자의 평생을 담보로 하며, 피보험자가 사망하면 보험금을 100% 지급하는 보험상품이다. 피보험자가 죽은 뒤 지급하므로 유족은 이 보험금으로 살아갈 수 있다. 특히 피보험자의 사망 시기와 원인을 따지지 않으며 계약 후 2년 이내에 자살과 같은 특별한 사유가 아니라면 무조건 보험금을 지급하는 것이 기존의 보험과 다른 점이었다.

종신보험은 1990년대 초 외국계 보험회사가 도입했는데, 계약 범위에 따라 주계약과 특약이 있다. 주계약은 피보험자가 사망하면 정해진 보험금을 지급하는 기본 계약을 말하고, 특약은 상해·질병 등에 대한 보장을 말한다.

1998년 IMF 외환위기를 딛고 경기가 회복되기 시작한 이후 가족의 소중함을 생각할 만한 여유를 다시 찾은 사람들이 적극적인 대비책의 하나로 보험을 생각하게 되었다. 여기에 국내 보험사 외에 외국계 보험사가 대거 진출해 상품 개발을 적극적으로 하고 마케팅 경쟁을 벌이면서 보험시장이 커졌다. 이때 개발된 대표적인 상품이 종신보험이다. 지금은 노후보험이 주를 이루고 있지만, 그때만 해도 여유 자금이 있는 사람들은 대부분 연금보험보다 종신보험에 가입하는 추세였다.

ING생명을 방문하고 난 이후, 특히 비디오를 보면서 '보험이 가장 필요한 사람이 바로 나'라는 생각을 하게 된 이후 나는 보험 열풍의 한가운데로 들어가고 있었다.

몇 개월 뒤 서소문 중앙일보 본사에서 회사 일을 보고 나오는 길이었다. 문득 친구가 근무하는 사무실이 가까이 있다는 생각이 나서 친구에게 전화했더니 친구가 사무실로 오라고 했다. 서대문역 앞 ING생명 세종지점에서 근무하고 있는 친구는 2000년에 보험계약을 해준 대학 동창이었다.

서대문역 앞 충정빌딩에 있는 사무실로 갔더니 거짓말처럼 역삼동 사무실에서와 비슷한 상황이 재연되었다. 친구가 담당 매니저와 같이 나와 인사를 하는 것이 아닌가. 나중에 알고 보니 담당 매니저는 이제 FC에서 매니저로 Job Change를 한 터라 함께 일할 파트너를 적극적으로 구하고 있었다. 나는 거기서도 보험에 관해 다양한 설명을 들었다.

그러고 난 얼마 후 역삼동 친구에게서 연락이 왔다. TS, 즉 면접이 있으니 사무실로 오라고 했다. 보험의 중요성을 깨닫고 있던 나는 그때 이미 반쯤은 보험업계에 발을 들이고 있었으므로 그 제의에 선뜻 응했다. 그래서 날짜까지 잡았는데, 친구가 다시 연락했다.

"야, 너 TS 할 수 없다. 다른 지점에서 CIS와 TS를 한 걸로 되어 있어."

무슨 말인가 싶어 어안이 벙벙했지만 곧 얼마 전 세종지점에서 근무하는 친구를 찾아간 일이 떠올랐다. 그 친구와 매니저가 직무설명회를 마친 뒤 나와 파트너십을 맺은 것으로 기록해버린 것이다. 보험영업을 하겠다고 한 적도 없는 나를 두고 두 친구가 본의 아니게 경쟁을 벌이는 상황이 되었으니 난감했다.

하지만 결정을 해야 했다. 먼저 지금 경영하고 있는 사업체를 접을 지 말지 정해야 했다. 2000년대 초 연매출 20억 원 정도로, 잘 키우면 벤처기업으로 성공할 수 있는 기반을 갖추었지만 인력을 유지하고 관리하기가 어려웠다. 병역특례업체로 지정되었지만 이미 분위기는 벤처 열풍이 꺾이고 대규모 벤처 위주로 기업질서가 재편되는 상황이었다. 그러다 보니 어느 정도 인재를 키웠다 싶으면 대형 벤처기업이나 대기업으로 가버렸다. 게다가 자금을 조달하기도 어려워져 인력난에 자금난까지 더해지니 회사를 키우는 데 한계가 뻔히 보였다.

하지만 아직 두세 살밖에 되지 않은 아이 둘을 둔 가장이 기껏 경험과 노하우를 쌓은 분야를 접는 것이 쉬운 일은 아니었다. 게다가 보험에 대해 아무것도 모르는 초짜가 아닌가. 그러나 나는 결심을 굳혔다. 그 이유는 회사를 접고 보험업에 뛰어들겠다는 이유와 다르지 않았다. 아이들이 어려 교육비가 많이 들지 않으니까 새로운 일을 시작할 수 있고, 보험에 대해 아무것도 모르니까 처음부터 요령 피우지 않고 새롭게 도전할 수 있었다.

나는 역삼동 친구에게 서대문역 앞에 있는 ING생명 세종지점으로 갈 테니 양해해달라고 전화했다. 사실 단순한 조건으로 따지면 역삼동으로 가는 쪽이 쉬웠을지 모른다. 역삼동 친구의 매니저는 ING생명 전체에서 넘버원을 하는 등 최고 수준이었지만, 세종지점 친구의 매니저는 매니저 Job을 처음 시작하는 처지였다.

그런데도 세종지점을 선택한 데는 세 가지 이유가 있었다. 우선 세종지점 친구가 더 적극적으로 연락을 했다. 다음으로는 벤처회사를 운영하던 역삼동에 있으면 그쪽을 다시 기웃거리게 될 것 같았다. 하지만 그보다 더 중요한 이유는 매니저도 나도 처음 시작하니까 맨바닥에서 뭔가 한 번 제대로 일을 내보자는 생각이 컸다.

2003년 8월, 나는 서대문역에서 지하철을 내려 충정빌딩의 문을 열었다. 그 너머에 어떤 세계가 있을지 몰라도 두렵지 않았다. 그 결과가 어떻게 나오든 후회하지 않을 내 인생의 새로운 문이었다.

10년 후 **챔피언**을 향해 **뛰다**

얼떨결에 역삼동 ING생명 사무실을 방문한 지 7개월 만에 나는 보험회사 영업맨이 되었다. 하지만 처음에는 진짜 영업맨도, 보험회사 직원도 아니었다. 그저 아무것도 모르면서 자리에 앉아 멍하니 외국어로 강의를 듣는 신입생 같았다. 입사해서 한 달 동안 교육을 받으면서 '정말 이 일을 해도 좋을까' 하는 생각을 버릴 수 없었다. 규모가 크든 작든 명색이 벤처기업 사장을 한 사람이 보험회사 FC로 산다는 것이 왠지 격이 떨어지는 것 같은 생각마저 들었다. 실제로 보험영업하는 사람을 장사꾼 취급하는 이들이 적지 않았고, 나 또한 그런 선입견이 없지 않았다.

하지만 나는 몇 번이나 마음을 다잡았다. 기업체 사장이 실패하면 그 피해가 그대로 직원들이나 고객들에게 돌아가지만, FC란 직업은 결국 혼자 하니 잘되든 잘못되든 주변 사람들에게 피해를 주지는 않을 것

이라는 생각을 하고 또 했다.

　내가 보험업계에 입문한 계기 중 또 하나는 사업을 하면서 어렵게 느꼈던 세금 문제에 관심이 있었기 때문이다. 이 문제가 보험 분야와도 연관이 있을 거라고 생각했다. 그래서 이 분야에 집중하면 영업맨으로서 성공할 수 있을 거라고 믿었고, 그 목표가 내게 동기를 부여해 자신감을 갖게 해주었다. 그럼에도 새로운 직업에 확신이 들지 않거나 심지어 '이 일을 괜히 시작한 게 아닌가' 하는 생각이 들 때마다 가족의 얼굴을 떠올렸다. 나만 믿고 사는 아내와 두 아이를 생각하면 실패해서도 안 되고 실패할 수도 없었다. 그리하여 일주일 동안 교육을 받으면서 마음을 굳혔다.

한 가정의 가장으로서 아직 열정으로 넘치는 30대 중반에 한번 미친 듯이 뛰어보자!

🔑 '가망 고객' 명단에 1,000여 명의 이름을 올리다

열심히 하겠다는 의욕은 면접 볼 때 지점장과 매니저 앞에서 '가망 고객', 즉 '보험 가입을 권유해서 성공할 수 있는 고객들의 명단'을 쓰는 데서 그 대로 드러났다. 의무적으로 써내야 하는 인원은 50~100명이었다. 그러나 내가 써낸 '가망 고객' 명단을 받아든 지점장과 매니저는 입을 딱 벌렸다. 내가 제출한 명단에 1,000여 명의 이름이 빼곡히 적혀 있었기 때문이다.

1,000여 명은 적어도 '아는 사람 모르는 사람 다 써낸 것'이거나 '모 아니면 도라는 마음으로 지어내 쓴 것'이 아니었다. 그들은 대부분 내가 보험 가입을 권하면 큰 금액이든 작은 금액이든 응해줄 사람들이지 나 몰라라 할 사람들은 아니었다. 나는 그렇게 확신했다.

1,000여 명은 내 메모장에 연락처가 기입되어 있었고 상당수는 교 류를 계속하고 있었다. 인맥이 그렇게 넓은 것은 젊을 때부터 남보다 더

많은 모임에서 활동하고 더 자주 만남을 이어왔기 때문이다. 고등학교 동창 모임에도 열심히 나갔고, 특히 대학과 대학원을 다니는 동안이나 졸업을 한 후 학생회와 총동창회 등에서 핵심적인 일을 했다. 사회에 나와서도 사업하는 분들을 중심으로 많은 사람과 소중한 만남을 계속하고 있었다.

그들은 내게 '그냥 아는 사람' 이상이었다. 나는 사람들과 어울리기를 워낙 좋아해서 여러 행사나 모임에서 적극적으로 봉사를 했다. 그 덕분에 그들과는 '잠깐 만나고 끝나는 사이'가 아니라 '지속적으로 관계가 이어지는 끈끈한 사이'였다. 더구나 1,000여 명 중 절반 정도인 500여 명은 5년 이전부터 만나 교류를 계속해오고 있었다. 그렇게 사람들과의 관계를 소중하게 생각하고 인연을 간직했기에 1,000여 명의 이름은 내 마음속에 새겨진 아름다운 인연이자 무엇보다 소중한 내 자산이었다.

내가 써낸 '가망 고객' 명단을 보고 처음에는 놀랐지만 끝내 석연치 않은 표정을 짓는 지점장과 매니저에게 나는 자신 있게 말했다.

"보험 일은 잘 모르지만 10년 정도 이 일에 열중하면 반드시 챔피언이 될 거라 생각합니다!"

그런 결심으로 나는 나만의 '10년 계획'에 돌입했다.

☑ 10년 동안 지속적으로 투자하고 노력하고 공부하자.

☑ 보험과 세금 문제를 연관 짓기 위해 세무사·회계사·변호사들에게 적극적으로 자문하며 공부하자.

☑ 열정을 불살라 10년 후 챔피언 자리에 오르자.

나는 스스로 남다른 열정을 불사를 수 있을 것이라고 믿었다. 그런 믿음에는 사람들과의 관계를 소중하게 생각하고 인연을 마음 깊이 간직하는 성격 이외에 어릴 때부터 강했던 성취욕이 자리 잡고 있었다.

시골에서 살던 어린 시절부터 나는 한 가지 일에 꽂히면 열정적으로 몰두하는 성격이었고, 목표를 정하면 달성하고자 하는 욕심도 많았다. 학교에서 공부하더라도 반드시 1등을 해야 했고, 군대에서 시험을 보더라도 1등을 해야 했으며, 사회에 나와서 일을 하더라도 1등을 해야만 직성이 풀렸다.

6남매 중 막내로 태어난 나는 덩치가 워낙 작아서 농사일을 할 정도가 안 되었다. 시골에서 별로 할 게 없던 그 시절에 '내가 잘할 수 있는 건 공부뿐'이라는 생각을 했다. 그 덕분에 학교 다닐 때 전교생 380명 중에서 1~2등을 놓치지 않았다. 나를 지켜본 형님과 누나들이 "막내는 서울에 가서 공부해야 한다"고 했다. 중학교 1학년 때 서울 학교로 전학을 신청했다. 그때는 서울로 이사할 여건이 안 되어 1년을 기다린 끝에 가족은 시골에 그대로 있고 나 혼자 서울로 유학을 하게 되었다.

서울 중학교에 가니 교장선생님께서 시골 학교 성적표를 보며 "서울대를 갈 수 있는 재목이니 열심히 하기 바란다. 환영한다"라고 말씀하셨다. 서울에서는 한 반에 70명씩 16반까지 한 학년에만 1,110명이 있었다. 환경이 낯설고 시골에 비해 상대적으로 우수한 학생들이 많았지만 그 사이에서도 성적은 늘 상위권을 유지했다.

　나는 시를 잘 써서 선성님들에게 칭찬을 받곤 했다. 국어선생님이 시를 써오라고 숙제를 주기에 떠나온 시골 생각을 하며 '보리밭'이라는 제목으로 지어 제출했더니 "어떤 시인의 시를 베껴 썼느냐?"고 물으셨다. 그 뒤로 시를 쓸 때마다 공책에 따로 기록해두었다.

　강원도 22사단 포병부대에서 보낸 군대 시절, 시험을 볼 때마다 내 성적을 따라올 사람이 없었다. 그때도 시를 써서 군대에서 발행하는 신문에 게재한 적이 있으니, 나는 나중에 시인의 삶을 살지도 모른다고 생각했다.

3

사람을 잃지 않아야 고객을 얻는다

🔑 물거품이 될 위기에 놓인 '10년 계획'

보험 '10년 계획'을 실천하고자 마음을 다질 때 뜻밖의 시련이 찾아왔다. 그때 나는 매주 일요일 아침 6시에 교회 인근 학교 운동장에서 교회 사람들과 조기축구를 했다. 2003년 8월 16일은 장인어른 생신이라 시골에 가야 했지만, 이날 설계사 시험이 있어서 내려가지 못하고 서울에 있었다. 16일에 시험을 치른 뒤 다음 날인 8월 17일 일요일 새벽에 평소처럼 축구를 하러 갔다.

경기가 한창이던 어느 순간 나는 잠시 정신을 잃었다. 상대방 골대를 향해 볼을 몰고 전속력으로 달리던 나는 상대방 선수의 태클에 걸렸고, 가속도가 붙은 상태에서 공중으로 떠올랐다가 운동장에 고꾸라졌다. 내게 태클을 건 사람은 그날 처음 축구를 하러 나왔는데 몸무게가 120킬

로그램이나 되는 어마어마한 덩치였다. 급히 병원으로 옮겨져 정밀 촬영을 한 결과 땅에 부딪힌 쇄골이 산산조각 났다는 판정이 나왔다. 최소 3개월은 입원해야 하는 중상이었다.

그날 이후 나는 병원에서 오도 가도 못하는 신세가 되었다. 오른팔은 아예 움직이지도 못하고 수시로 수술을 해야 했으니, 교육은 고사하고 어떤 일도 할 수 없었다. 병원 침대에 드러누워 한숨만 내쉬었다. 크험업계에 들어온 지 이제 며칠, 겨우 마음을 잡고 나 나름대로 중장기 마스터플랜인 '10년 계획'을 실천하려는 참인데, 화장실 오가기도 힘든 처지가 되었으니 앞날이 캄캄했다.

입원실 창문 너머로 멍하니 한여름 풍경을 바라보던 어느 날, 아내와 아이들 얼굴이 떠올랐다. 새로운 직업에 대해 확신이 들지 않을 때마다 마음속에 그려보던 그 얼굴들. 그제야 나는 그 사실을 다시 깨달았다.

🔑 병실에서 첫 보험계약을 하다

병원 신세를 진 지 며칠 만에 나는 '아직 열정이 넘치는 30대 중반에 한 번 미친 듯이 뛰어보자'고 다시 한 번 각오를 다졌다. 진정으로 열정을 가졌다면 뼈가 부러지고 팔 한 쪽 못 쓴다고 문제될 게 없었다. 비록 몸은 비정상이라도 마음속 열정은 지극히 정상이 아닌가.

나는 그때부터 매니저가 가져다준 책을 보며 공부했다. 밥 먹는 시간을 아끼느라 침대에서 병원밥을 먹으면서 책에서 눈을 떼지 않았다. 뭔가 좀 알겠다 싶어진 다음부터는 병원 침대에 누워서 지인들에게 전화로 보험영업을 했다.

입원한 지 25일이 지난 9월 5일, '19700'이라는 회사 고유 사원번호를 받았다. 바로 그날 나는 내 생애 처음으로 보험계약이라는 첫 결실을 맺었다.

내 보험계약자 1호이자 최초 고객은 바로 셋째형이다. 내게 큰 도움이 되고 많은 용기를 준 순간이었다. 그날 종신보험계약을 한 형은 나중에 암 2기 진단을 받았으니 그 보험계약으로 형 또한 큰 도움을 받은 셈이다.

그렇지만 비정상인 몸으로는 영업을 적극적으로 하기가 무척 어려

웠다. 깁스한 오른손을 고정한 상태에서 병원을 나와 매니저와 같이 영업을 다녔는데, 계약이 성사되면 매니저가 계약서를 대신 써주어야 했다. 먼 곳은 갈 수 없어 지방에는 매니저가 대신 갔다.

수술 결과도 좋지 않았다. 두 번이나 수술했지만 뼈가 안 붙어서 2004년 2월 정강이에 있는 뼈를 떼어다가 어깨에 이식하는 큰 수술을 다시 받았다. 수술하고 나서 가장 힘들었던 것은 뼈를 떼낸 부분이 계속 아리고 아픈 것이었다. 하필 겨울이라서 고통이 더 심했다. 2004년 12월에는 쇄골을 고정하려고 박아놓은 철심을 제거하는 2차 수술도 받았다.

🔑 사람을 잃으면 다 잃는다

그렇게 2003년 8월부터 2004년 12월까지 15개월 동안 병원을 오가고 큰 수술을 받으면서 실질적으로 영업할 수 있는 기간은 6~7개월에 불과했다. 그런데도 여러 모임에 빠지지 않고 나가는 등 내가 할 수 있는 모든 것을 다하려고 했다.

한 번은 사업하는 친구에게 보험계약을 하기위해 같이 어울리다가 그 친구가 즐기는 볼링을 함께하게 되었다. 그때는 깁스는 풀었지만 오른손은 여전히 정상이 아니었다. 그렇다고 아파서 볼링을 못 한다고 했다가 고객을 놓칠 것 같아 어리석게도 여러 차례 게임을 했다. 그 어리석은 생각과 행동 때문에 뼈는 더 벌어지고 말았고, 그 친구와 계약도 하지 못했다.

나는 술과 담배를 못하는데도 계약을 성사시키기 위해 새벽 1~2시까지 술자리에서 여러 사람과 어울렸다. 하지만 소득은 없었고 몸만 더 나빠지고 말았다. 당시 나는 대학원에서 학생회 활동 및 봉사활동을 다양하게 하면서 많은 사람과 두터운 친분을 맺고 있었다. 그래서 성실하게 보험 상담이나 세무 상담을 해주고 컨설팅을 하면 그들이 나와 계약할 줄 알았다.

하지만 그 많은 사람과 친분이 남다른 기업체 대표들이 보험계약을 피했다. 전화를 하면 다음에 통화하자고 했고, 직접 찾아가면 다른 회사 보험에 이미 가입했다고 하는 식이었다. 몸이 아픈 상태에서 어렵게 영업을 하는 나를 봐서라도 작은 계약 하나쯤 해줄 거라는 기대는 머지않아 그저 기대에 불과하다는 사실이 명백해졌다. 이런 일을 겪으면서 나는 한 가지 철칙을 정했다.

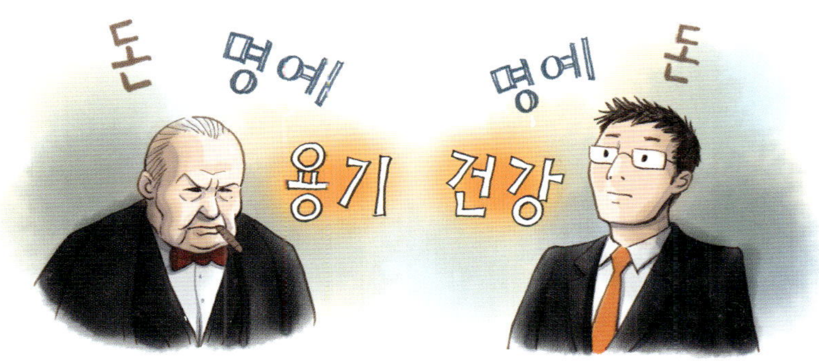

몇 번 경험을 하면서 이런 생각을 더욱 굳히게 되었다. 어느 순간 계약을 성사시켜야 한다는 사명감과 초조함으로 지인들과 어울려 지나는 일과 보험영업을 구분하지 못하게 되었다. 그동안 마음을 터놓고 지낸 사이인데도 계약을 해야 한다는 생각에 나도 모르게 없는 말에 없는 행동을 했다. 그러다 보니 마음 편하게 어울리지도 못하고 보험계약에 이르지도 못하게 되었다. 그러는 동안 나는 과거의 내가 아니었고, 결국 마음도 잃고 시간도 잃는 꼴이 되었다.

처칠(Winston Churchill, 1874~1965)은 "돈을 잃으면 조금 잃은 것이요, 명예를 잃으면 많이 잃은 것이요, 용기를 잃으면 모두 잃은 것이다"라고 했다. "돈을 잃으면 조금 잃은 것이요, 명예를 잃으면 반을 잃은 것이요, 건강을 잃으면 전부를 잃은 것이다"라는 말도 있다. 나는 뚯 차례 시행착오 끝에 이런 결론을 얻었다.

당초 내게 보험계약은 연봉과 관련된 문제, 즉 돈의 문제였고, '미래의 챔피언'이라는 명예를 위한 일이었다. 그 돈과 명예를 얻자고 지인들에게 가식적인 모습을 보이다가 자칫 사람마저 잃을 위기에 처했다. '조금' 잃거나 '많이' 잃거나 하는 문제로 그칠 일을 '전부' 잃고 마는 처지가 될 뻔했던 것이다.

'교류와 보험을 따로 생각하자'는 깨달음을 얻고 난 뒤 사람들을 만날 때 절대 내 입으로 먼저 '보험'의 '보'자도 꺼내지 않았다. 그저 예전에 그랬던 것처럼 편안하게 어울려 대화하고 웃고 즐거움과 걱정을 나누었다.

🔑 법인계약을 시작하다

가까운 사이일수록 더욱더 보험계약을 해줄 거라는 기대를 갖지 말자고 마음을 다잡고 영업하니까 사람들 만나기가 훨씬 편해졌다. 친한 친구와 선배, 동기들에게 계속 거절당하면서도 다음에 만날 때는 가볍게 웃으면서 섭섭한 티를 내지 않았고, 업무 얘기는 아예 하지 않았다.

이런 생각에 더해 '모든 게 나 자신이 부족하기 때문이다'라고 생각하며 더 열심히 공부했다. 그러자 점차 결실이 나타나기 시작했다. 먼저 이미 가입한 몇 안 되는 계약자들이 주변 사람들을 소개해주고, 그 사람들이 또 다른 사람을 소개해주었다.

대학원 석사과정에서 함께 공부하고 당시 병원에서 간호사로 근무하던 선배를 찾아가 '계약을 해도 좋고 못 해도 상관없다'는 마음으로 보험의 필요성과 장점을 열심히 설명했더니 그 선배가 흔쾌히 계약을 한 다음 다른 간호사도 소개해주었다. "내가 오랫동안 지켜봤는데 정말 믿을 만한 사람이니 상담을 받아보라"는 소개까지 덧붙인 그 선배 덕에 인연이 꼬리에 꼬리를 물고 이어져 동료 간호사, 그 동료 간호사의 가족, 그 가족의 지인 등이 내 소중한 고객이 되었다.

그렇게 용기를 얻은 나는 병원 신세를 진 직후부터 계속해서 공들인 끝에 2003년 11월, 건설사업을 하는 친구에게 월납 300만 원의 첫 법인계약을 했다. 12월에는 시스템에어컨 사업을 하는 또 다른 친구와 월납 500만 원의 법인계약을 했다. 법인계약의 성공에는 '고등학교 동창'이라는 인연이 분명 영향을 주었다. 하지만 나는 그보다 중요한 요인이 있었다고 지금도 확신한다.

법인과의 계약과 개인과의 계약에는 여러 차이가 있다. 먼저 법인계약은 금액이 상당히 큰데 법인컨설팅을 하려면 공부나 연구를 많이 해야 하고, 전문적 지식이 없으면 접근하기조차 어렵다. 당시 법인계약은 초창기였기 때문에 ING생명에서는 법인계약에 관해 전문적으로 도와줄 담당자도 없었고, 별다른 교육 프로그램도 없었다. 그래서 나는 혼자 책을 구해 읽고 자료를 조사하며 공부했다. 그때는 법인계약이 보통 퇴직금과 관련된 단순한 상품을 법인에 접목하는 일로 여겨졌고, 명칭도 'CEO 플랜'이라고 했다.

전문적으로 도와줄 담당자도 없고 별다른 교육 프로그램도 없던 시절, 법인영업에 필요한 사항을 세세하게 파악하고 관련 지식을 익히기가 무척 어려웠다. 게다가 그런 지식을 쌓았다 해도, 개인보다 상대하기가 훨씬 까다롭고 벅찬 기업을 상대로 영업하는 것은 당시로서는 상상도 할 수 없는 일이었다.

나는 병원에 있으면서도 열심히 공부했고, 그 지식을 바탕으로 두 친구에게 정말 도움이 될 만한 컨설팅을 해주었다. 따라서 2003년 11월과 12월의 연이은 법인계약은 단지 '친구'라는 인연 때문에 얻은 성과가 아니었다. 밤낮이 따로 없이 고통스러운 몸 상태를 감내하며, 지속적이고 제대로 된 법인 매칭 컨설팅을 해서 얻은 결실이었다.

설계사 고유코드가 나온 후 2003년 연말까지 석 달 동안 이뤄낸 내 보험인생 첫해의 계약들은 내 열정에 불을 붙였다. 그해 9월 5일부터 나는 '3W', 즉 일주일에 세 건 이상의 계약을 성사시키는 기록을 달성하였고, 이후 2012년 6월 말까지 '3W 385주'를 연속으로 달성하였다. 그뿐

설계사 고유코드가 나온 후 2003년 연말까지 석 달 동안 이뤄낸 내 보험인생 첫해의 계약들은 내 열정에 불을 붙였다. 그해 9월 5일부터 2012년 6월 말까지 '3W 385주'를 연속으로 달성하였다.

고객은 자신에게 보험이나 재정 관리에 관한 자문서비스를 하는 FC가 MDRT 회원이라면 '세계 최고의 전문가에게서 서비스를 받고 있으니 안심해도 돈다' 는 믿음을 가져도 좋다.

아니라 보험인생 첫해인 2004년, 마침내 영업실적으로 'MDRT(Million Dollar Round Table, 100만 달러 원탁회의)'를 달성하게 되었다.

'보험인의 명예의 전당'이라고 불리는 MDRT 회원이 되면 '고객의 이익을 최우선으로 하는 최고의 직업윤리를 갖춘 생명보험 전문가'라는 인증을 받은 것이다. 1972년 미국에서 설립된 MDRT는 재정서비스 관련 사업을 토대로 하는 생명보험 전문가들에게 최고 권위를 가진 협회로, 회원들에게 전문지식과 판매기술 그리고 고객서비스를 향상하기 위한 자원을 제공하고, 아울러 수준 높은 도덕적 교양을 갖추도록 하고 있다. 따라서 고객은 자신에게 보험이나 재정 관리에 관한 자문서비스를 하는 FC가 MDRT 회원이라면 '세계 최고의 전문가에게서 서비스를 받고 있으니 안심해도 된다'는 믿음을 가져도 좋다. 그만큼 MDRT 회원 자격을 취득하기는 상당히 힘든 일이다. 당시 전 세계에 걸쳐 생명보험에 종사하는 사람들 중 소수만이 MDRT 회원 자격을 가지고 있었다.

나는 그렇게 보험 입문 첫해에, 그것도 자칫 생명이 위태로울 수도 있었던 큰 부상을 딛고 입사 후 1년여 만에 '생명보험 에이전트 명예의 전당'에 이름을 올렸다.

처음에는 혈연인 셋째형의 종신보험으로 시작했지만, 그 이후 개인 적 친분만으로 계약을 맺은 경우는 그리 많지 않다. 그동안 교제를 지속 했던 잘나가는 회사 CEO들 중 한 사람도 나와 계약을 맺은 이가 없다. 내 고객은 대부분 ING생명에 들어간 후 만난 사람들이다.

보험업계 입문 13년째인 지금 내 고객은 1,200명이 조금 넘는다. 입 사 당시 멋도 모르고 호기롭게 '가망 고객'으로 1,000여 명의 이름을 적 어냈지만, 그 이후부터 지금까지 '가망 고객' 중 진짜 '고객'이 된 사람 은 채 30명도 되지 않는다.

고객과 끊임없이 소통하고 인맥관리에 시간을 투자해라

계약에만 너무 매달리면 안 된다.
계약을 안 한다고 해서 사람을 버린다면 내 곁에는 아무도 남지 않을 것이다.
정말 좋은 사람이라면 그 관계는 지속적으로 가야 한다.
시간이 지나면 언젠가는 성과가 나오니, 멀리 보고 길게 봐야 한다.

'지인 시장'을 버리다

🔑 보험과 한판 승부!

120킬로그램이 넘는 거구에게 그 체구의 반밖에 되지 않는 내가 태클에 걸려 병원 신세를 진 사건은 그렇다 해도 겨우 깁스 푼 손으로 볼링까지 한 것은 참으로 어리석은 일이었다. 글도 쓸 수 없고 가방도 들 수 없는 오른손 때문에 나는 모든 일을 왼손으로 해결했고, 운전을 할 수 없으니 대중교통만 이용했다. 그렇게 몸이 정상이 아니니 처음에는 사람을 만나는 일에도 자신감이 떨어졌다.

그런 상태로 보험업계 입문 첫해에 참으로 기적 같은 실적을 냈다. 그 기적을 이룬 비결은 우선 병원에 누워서 수많은 책과 자료를 뒤지며 지식을 익힌 덕분이다. 몸이 정상이었으면 그 시간에 한 사람이라도 더 만나 영업을 하려고 했을 것이다. 그러나 꼼짝없이 병원에 있는 동안 내가 할 수 있는 일은 공부하는 것뿐이었다. 그러니까 그때 병원은 누구의

방해도 받지 않는 내 공부방이었고, 나는 병원으로 유학을 온 셈이었다.

또 다른 요인은 바로 오기와 열정이었다. 나는 '10년 계획'까지 야심차게 마련하고 뭔가 제대로 해보자고 결심한 직후 사고를 당했다. 10년 계획을 종이에 적어 벽에 붙이기도 전에 몸을 다쳐서 그대로 무너진다면 너무 억울할 것 같았다. 그것도 영업이나 제대로 한 번 해본 후이거나 도저히 보험 일이 체질에 맞지 않는다고 판단한 뒤 그랬다면 몰라도, 뜻밖의 사고로 그렇게 되었으니 속된 말로 '쪽팔리는 일'이 아닐 수 없었다. 그러니 화장실이나 오가며 끙끙 앓고 있을 수만은 없었다.

"보험, 네가 이기나 내가 이기나 한 번 해보자!"라며 책에서 눈을 떼지 않았고, 끈질기게 전화기를 붙잡고 열정을 불살랐다.

나는 부상으로 몸 상태가 정상이 아닌데도 끊임없는 열정으로 입사 이후 계속해서 '3W'를 달성하고는 있었지만 2004년에 들어와서도 성치 않은 몸 때문에 고생했다. 2월 초에 야구선수들을 전문적으로 치료하는 경희의료원의 최고 의사에게 수술을 받았다. 왼쪽 정강이뼈를 떼어다가 오른쪽 쇄골에 이식하는 장장 여덟 시간에 걸친 대수술이었다. 12월에 철심을 제거하는 수술을 받기까지 10개월 동안 뼈에 철심이 고정되어 있는 상태로 버텨야 했으니, 참으로 고통스러운 나날이었다.

그럴수록 나는 오기로 버텼고 열정을 버리지 않았다. 아픈 몸으로 하루 평균 7명을 만나고, 밤 12시가 넘어서 퇴근한 다음에는 그날 만난 고객들과 다음 날 만날 그객들에 관한 정보를 정리했다. 그 일이 끝나던 새벽까지 책을 펴들고 공부했다. 성치 않은 몸으로 성한 사람들보다 일을 더 잘하려면 더 많이 움직이고 더 많이 공부하는 수밖에 없다고 생각했다. 그 덕분에 2004년에도 '3W'를 이어갈 수 있었다. 나는 나 자신에게 이렇게 말했다.

나는 어깨 부상이라는 한계를 가지고 있다.
한계를 극복하는 길은 다른 장점으로 그 한계를 덮는 것이다.
그 장점은 더 열심히 공부하고 더 열심히 뛰는 데서 나온다.

🔑 보험영업에서 성공하는 비결

보험영업을 시작하려는 사람들 가운데는 극한 상황에 놓인 이들이 많다.

그 유형은 대체로 다음과 같이 분류할 수 있다.

그런데 나는 공교롭게도 이 세 가지 유형에 다 해당되었다. 내가 벤처사업에 도전한 것은 애당초 평범한 샐러리맨으로 살기 싫어서였다. 사업에 실패하지는 않았지만 자금이나 인력 등 여러 가지 고민으로 어려운 적이 많았다. 그리고 예기치 못한 사고를 당해 병원 신세를 지다 보니 '보험은 반드시 있어야 하는 것'이란 확신이 들었다.

그동안 경험해보니 위의 세 가지 유형에 해당하는 사람들이 성공하려면 다음과 같은 생각을 해야 할 것 같다.

평범한 샐러리맨이 싫어서 벤처기업 창업을 선택했지만 그마저 버리고 나온 나는 그렇게 모든 것을 다 던지고 왔기 때문에 '이 도전에서 실패하면 내 인생은 끝이다' 라고 생각했다. 그래서 남들이 하루에 3명을 만나면 나는 그 두 배를 만났고, 밤 12시가 되어야 퇴근하는 일을 지금까지 13년 동안 계속하고 있다. 병원에서도 집에서도, 낮에도 밤에도 공부를 계속했기에, 개인계약 이외에 그 당시에는 생소했던 법인계약을 할 수 있는 노하우를 쌓았다.

그리고 영업을 하기보다 내가 부상을 당하면서 겪은 일 그리고 그것이 누구에게나 일어날 수 있는 일이라는 사실을 진솔하게 들려주며 고객에게 다가갔다.

🔑 '지인 시장'을 버리고 '모임 시장'을 얻다

연속 '3W' 기록이나 MDRT만 놓고 보면, 보험 입문 첫해부터 내가 성공가도를 달려왔다고 생각하기 쉽다. 하지만 실패 없는 FC는 없고, 실패를 교훈 삼는 성공은 있다. 내게는 '가망 고객' 1,000여 명 중 채 3%도 고객으로 만들지 못한 것이 철저한 실패 사례다. 영업에서 소득을 얻지 못해서 생긴 실패가 아니라 실망과 좌절 때문에 생긴 실패였기에 아픔이 더 컸다.

무척 친하다고 생각했던 사람들이 컨설팅을 받는 것조차 부담스러워하며 아예 만나주지도 않았고, 이런 상황이 반복되면서 미팅 약속을 잡기조차 쉽지 않았다. 그러자 '내가 이 일을 계속해야 하나 말아야 하나' 하는 생각이 꼬리를 물었다. 다행히 실망과 좌절에서 다음과 같은 깨달음을 얻은 덕분에 오기와 열정을 가질 수 있었다.

이렇게 생각을 굳힌 뒤 한때 지녔던 배신감을 툴툴 털고 아무리 실적이 급해도 지인들에게는 절대로 연락을 하지 않았다. '지인 시장'의 대안으로 고른 것이 바로 '모임 시장', 즉 여러 단체나 친목회 등이었다. 나는 그 시장을 '적재적소에 필요한 시장'이라고 생각했다.

처음으로 문을 두드린 '모임 시장'은 판사 출신 변호사로 유명한 친구가 주도한 KOO이다. 이 모임에는 직업군이 다양한 30대 초반에서 40~50대 후반까지의 회원 40~50명이 참여했다. 내가 한 달에 한 번 열리는 이 모임에 참여한 것은 당장 영업 때문이 아니라 인맥을 형성하기 위해서였다. 그래서 그만큼 열심히 모임에 참여하고 적극적으로 활동했다.

보험업계에 입문한 뒤 처음 참여한 이 모임에서 내 인생에 전환점을 가져다준 사람들을 만났다. 바로 세무법인 사무장과 법무법인 사무장이다. 세무법인 사무장은 나보다 나이가 많고, 법무법인 사무장은 한 살 아래인데, 이분들과 친분을 쌓으면서 나는 이런 확고한 결심을 했다.

지금까지도 남다른 친분을 쌓고 있는 이 두 분을 나는 한 번도 영업 대상으로 생각해본 적이 없으며, 실제로 지금도 내 고객이 아니다. 하지만 나는 한순간도 그 일을 야속하게 여긴 적이 없다. 진솔하고 온화한 성품이라 대화하기도 편했고, 법적인 실무, 세무적인 문제에 관해 소중한 얘기를 많이 들려주니 내게는 정말 좋은 선생님들이다. 나 또한 보험과 관련된 일, 특히 법인보험과 관련된 사항을 상세히 들려주고자 노력한다.

🔑 CEO시장에서 진정한 컨설팅 역사를 시작하다

법인보험의 필요성을 잘 이해해준 세무법인 사무장은 자신이 관리하는 법인들을 계속 소개해주었다. 2005년 12월 처음으로 소개를 받은 분은 신사동에서 공동주택관리업을 하는 광인산업㈜ 김형주 회장님이다. 김 회장님은 나에게 정말 소중한 분이시다.

광인산업㈜와 법인계약을 체결한 것은 내게 무척 중요한 의미가 있는 일이었다. 2003년 11월과 12월에 고등학교 동창과 법인계약을 했지만 그 이후 CEO시장에서 내가 진정한 컨설팅을 처음 한 곳이 바로 광인산업㈜이다.

　2005년 12월, 나는 처음으로 김 회장님을 찾아뵈었다. 김 회장님과 처음 면담하는 자리에는 세무법인 사무장도 같이 있었다. 나는 내가 하고 있는 법인컨설팅에 대해 상세히 설명하고 이해시켰다.

　당시 아직 회복되지 않은 몸으로 골프에 입문하기 위해 전라북도 임실 고향 선배들 골프모임인 '봉황회'에 참석했다. 골프도 잘 몰랐고 몸도 아팠지만 사업하는 선배들이니 친분을 쌓기 위해 골프모임이 있으면 무조건 달려갔다. 김 회장님을 만나고 일주일이 지난 그날도 '더블'과 '트리플'을 거듭하며 선배들 사이에서 초짜 티를 잔뜩 내고 있었는데, 오후 3시경 김 회장님에게서 만나자는 전화가 걸려왔다.

　전화를 끊고 나니 가슴이 두근거렸다. '설마' 하는 생각과 '혹시' 하는 생각이 교차했다. 설마 만난 지 일주일 만에 계약을 하자는 건 아닐 테지…, 혹시 내 컨설팅이 제대로 되어서 당장 계약을 하자는 건 아닐까….

어쨌든 골프를 치고 있다는 이유로 만남을 미룰 수는 없었다. 라운딩 중이었지만 결례를 무릅쓰고 선배들에게 양해를 구했다.

"다음에 골프를 제대로 배우고 다시 찾아뵙겠습니다."

이렇게 정중하게 인사하고 당장 신사동 일삼빌딩 3층에 있는 광인산업㈜ 회장실로 달려갔다. 회장님 앞에 앉자 다시 '설마'와 '혹시'를 오가는 마음에 침이 꼴깍 넘어갔다. 마침내 회장님이 입을 열었다.

"지금 계약합시다. 준비해가지고 오시지요."

그러나 준비하러 사무실에 갔다 올 필요도 없었다. 가방 안에 항상 청약서류를 넣고 다녔기에 그냥 책상에 꺼내놓기만 하면 되었다.

그날 마침내 월납 1,000만 원짜리 계약을 체결했다. 최초의 5년짜리 고액계약이었다. 계약을 마치고 나오자 내 앞에 새날이 열리는 기분이 들었다. 전혀 연고도 없이 소개만으로 '무'에서 '유'를 창조했다는 생각이 들었다. CEO시장에서 나의 진정한 컨설팅 역사가 시작된 순간이었다.

고객과 끊임없이 소통하다

🔑 '감(촉)'을 활용하고 때로 과감하게 포기하라

'3W'를 꾸준히 유지하고 MDRT도 달성했지만 2004년 영업에서 가장 큰 아쉬움으로 남은 건 컨벤션을 달성하지 못한 일이다. 컨벤션은 두 달 치 실적과 유지율, 건수, 금액을 종합해 기준 이상을 기록해야 달성할 수 있다. 두 달에 한 번씩 달성할 수 있으니 1년에 총 여섯 번 컨벤션 평가가 있는 것인데, 여섯 번 모두를 달성하면 '골드Gold'가 되고 다섯 번이면 '실 버Silver', 네 번이면 '브론즈Bronze', 세 번이면 '챌린지Challenge'가 된다.

컨벤션을 달성하려면 무엇보다 유지율이 중요하다. 지금도 물론 유 지율 평가 지표가 중요하지만 초창기에는 컨벤션을 반영하는 지표에서 실적 못지않게 유지율 평가가 중요한 포인트였다. IQA유지율과 통산유 지율 평가에서 직전 연도 입사 초기 첫 달에 부실계약을 한 여파가 그다음 해에 최소 2년 동안은 꼬리표처럼 따라다니게 되어 결국 실적으로는 골드를 달성하고도 컨벤션을 달성하지 못하게 되는 아쉬움을 남겼다.

2003년 10월, 나는 입사 후 한 달이 지나서 처음으로 부실계약을 기록했다. 작은누나에게서 소개받은 사람과 맺은 10만 원대 소액계약이었는데, 계약 한 달 만에 해지한 뒤 잠적해버렸다. 내게 최초의 해약이었던 이 부실계약 한 건으로 유지율이 문제가 되어 2004년 컨벤션을 달성하지 못했다. 이 한 건이 향후 2년 동안 꼬리표처럼 따라다녔으니 내게는 엄청난 타격이었다. '3W'를 유지하고 MDRT도 달성했으니 실적 면에서는 당연히 '골드'였지만 유지율 때문에 컨벤션을 달성하지 못하고 만 것이다.

2004년을 보내며 2005년 목표를 '컨벤션 골드'로 잡았다. 그리고 유지율을 관리하기 위한 차별화 전략 마련에 나섰다. 내게 최초로 부실계약의 멍에를 씌워준 고객은 건설 관련 일을 했는데, 건설 분야의 특성상 보험을 유지하기 어려운 경우가 많다. 그래서 나는 그 경험을 바탕으로 유지율 관리 기준을 만들었다.

☑ 직업이 명확하지 않거나 안정적이지 않은 사람은 한 번 더 고민하자.
☑ 그 사람의 재무상태를 가능한 한 자세히 파악하자.
☑ 직업이나 재무상태가 다소 애매하다고 판단되면 2차 면담을 포기하자.

상당히 신중한 전략으로 당장의 이익보다는 좀 더 길게, 멀리 보자 하는 마음이었다. 반대로 확실한 고객에게는 확고한 믿음을 주는 듯이 중요했다. 광인산업㈜ 김 회장님은 5년 계약이 만료된 후 다른 건으로 계약을 해서 나와 인연을 이어갔다. 어느 모임에 가나 나는 내 '최초의 VVIP CEO 고객'으로 김 회장님을 꼽았고, 진정 '최초의 VVIP CEO 고객'으로 섬겼다.

처음 계약할 때 김 회장님에게는 '이분과 평생을 갈 것이다'는 직감과 확신이 있었다. 물론 주관적 확신이지만, 스스로 그렇게 생각하고 정성을 다하자 그 확신이 결실로 이어졌다.

사실 광인산업㈜는 2005년 처음 만났을 때 그리 큰 기대를 하지는 않았다. 그러나 나는 회사 상태를 파악하는 것도 중요하지만 사람에 대한 판단도 중요하다는 생각을 했다. 그것이 '주관적인 확신'이 되었고 장기적으로 '적중한 확신'이 되었기에, 보험 영업맨에게는 이른바 '감'도 무척 중요하다고 생각한다. 김 회장님을 처음 만났을 때 '감'이 아주 좋았기에 더 열심히 컨설팅했고, 장기 고액계약을 맺는 데 성공했다. 이때 나는 '감'에 대해 이런 교훈을 얻게 되었다.

스스로 고객에게 확신이 없으면 고객으로 하여금 확신을 가지지 못하게 한다.
직감을 갖고 고객을 판단하는 각자의 기준, 즉 'Checking Point'가 있어야 한다.

다행히 지금까지 모시는 수많은 고객을 처음 만났을 때 가졌던 '감'은 90% 이상 맞았다. 그렇다고 처음부터 그렇게 적중했다면 길바닥에 돗자리 깔고 관상을 봐도 좋았을 테지만, 그건 아니었다. 점차 더 많은 고객을 접하면서 더욱 신중하게 '감'을 활용했다. 갈수록 스스로에게 더 많이 투자하고 노력하면서 그 확률을 높여갔다.

🔑 '모임 시장'을 넘어 '사람'을 향해 가다

'지인 시장'을 벗어나자고 결심한 뒤 고등학교 총동문회에 나가지 않았다. 그 대신 '유학을 온 서울 학교의 동문회와 고향 동문회는 다를 것이다'라는 생각을 했다. 중학교 때 서울로 유학을 왔으니, 청소년기부터 성인이 된 후까지 어릴 때 뛰어놀던 고향 마을에 대한 향수와 추억이 있었다. 그리고 그곳 출신은 '교류를 위한 교류'보다 그런 향수와 추억을 함께 나누는 '정신적 교류'를 할 것이라는 생각이 들었다.

그런 판단에 따라 열심히 참여한 곳으로 같은 군郡 출신 고향 사람들이 모이는 '재경임실군향우회'와 같은 면面 출신 고향 사람들이 어울리는 '재경임실군강진면향우회'가 있다. 나는 이 가운데도 상대적으로 많은 사람이 속해 있고 규모가 큰 모임인 '재경임실군향우회'에 집중했다. 여기서 인연을 맺은 분이 ㈜태영통신전설 김진기 회장님이다. 법인 쪽의 정관 변경 등 종합적인 컨설팅을 해드리고 500만 원짜리 법인계약을 하게 되었다.

2000년에 경희대학교에서 석사학위를 받았는데, 그곳에서 학부나 대학원 동문 중 비즈니스를 하는 사람들이 모여서 만든 '경희○○○○○○'에 합류했다. 이 모임에 적극 참여한 이유는 향우회와 더불어 동문회 성격의 모임이 아니라는 판단 때문이었다. 내가 처음 참여한 '모임 시장'인 KOO와 성격이 비슷했다.

초창기 클럽 회장은 국내 굴지의 건설회사 회장님이 맡고 있었고, 다양한 업종에서 활발하게 활동하는 훌륭한 선배들이 많았다. 비록 이 모임에서 만난 분들과는 한 건도 계약하지 못했지만, 보험계약을 권하기보다 그분들의 경험과 노하우에 귀 기울이기 바빴다. 사업을 어떻게 시작하여 어떻게 키웠고, 어떻게 지금 위치에 오게 되었는지 등 생생한 경험담을 들으면서 나 스스로를 돌아보는 계기가 되었다. 그래서 '그분들처럼 더욱 열심히 살자'는 나 자신과의 약속, 즉 보험계약보다도 더 중요한 나 자신과 계약을 맺을 수 있었다.

그때 만난 모임 사무총장 박 선배님은 양재동에서 꽃집을 시작했는데, 지금도 연락하며 지낸다. 그리고 고객 수가 점점 늘어나고 화환 보낼 일이 많아지면서 반드시 그 일은 박 선배님에게 부탁하자고 결심했다.

'경희ㅇㅇㅇㅇㅇㅇ'에서 좋은 분들을 만나면서 다시 한 번 이런 결심을 확고히 했다.

계약에만 너무 매달리면 안 된다.
계약을 안 한다고 해서 사람을 버린다면 내 곁에는 아무도 남지 않을 것이다.
정말 좋은 사람이라면 그 관계는 지속적으로 가야 한다.
시간이 지나면 언젠가는 성과가 나오니, 멀리 보고 길게 봐야 한다.

🔑 고객이 원하는 것은 무엇이든 하라

FC는 직업의 특성상 단순히 금융이나 보험 쪽 컨설팅만 제안한다면 고객과 가까워지는 데 한계가 있다. 모든 분야에서 다양한 정보와 지식 그리고 인맥을 가지고 있는 만능박사가 되지 않으면 결국 원대한 목표에 이르지 못한다. 그래서 나는 이런 생각을 고객들에게 심어주기 위해 보이는 곳에서, 보이지 않는 곳에서 최선을 다하려고 했다.

정인택을 통하면 안 되는 것이 없다.

이를 위해 잠시도 쉴 틈 없이 공부해야 했고, 시시각각 변하는 기업

환경을 분석해야 했다. 요청이 있을 경우 즉각 세무사나 법무사, 변호사를 연결해 문제를 해결할 수 있게 도울 수 있는 인적 시스템도 구축해야 했다.

이런 대비는 밤낮 없이, 장소를 불문하고 24시간 해야 했기에 국내에 있을 때는 물론이고 국외에 있을 때도 전화기가 24시간 켜져 있었고, 시차를 생각지 않은 고객에게서 새벽에 걸려오는 전화도 받아야 했다. 고객이 안고 있는 문제도 다양했다. 세금 문제와 법률 문제는 기본이고, 병원이나 골프장, 콘도의 예약을 도와달라는 전화도 적지 않았다.

그렇지만 나는 얼굴을 보지 않고 전화로만 대화한다고 해서 미간 한 번 찌푸린 적이 없다. 즉각 부탁받은 분야의 전문가를 찾아 문제를 해결하도록 도왔다. 이때 그동안 쌓아둔 소중한 인맥이 빛을 발한다.

문제를 해결한 뒤 고객이 감사의 전화를 걸어오거나 고맙다는 문자를 보내주면 정말 흐뭇하기 이를 데 없다. 바로 이런 생각이 들었기 때문이다.

고객이 '정인택을 통하면 안 되는 것이 없다'고 생각해주시는구나.

고객관리와 자기관리

🔑 이코노미석에서 비즈니스석을 꿈꾸다

2004년 여름, 나는 푸껫의 푸르고 맑은 바다를 꿈꾸었다. ING생명 본사에는 FC의 실적을 평가해 그 결과에 따라 해외여행을 보내주는 프로그램인 'Convention Trip'과 'Summer Festival Trip'이 있다. 그리고 우선 Convention 'Gold'를 달성한 실적우수자를 대상으로 4월에 'Convention Trip'이라는 이름의 해외여행을 실시했다. 실적 면에서는 당연히 'Gold'였지만 2003년 10월에 있었던 부실계약 단 한 건으로 그 목표를 달성하지 못한 나는 2004년 9월에 있을 'Summer Festival Trip'을 기다려야 했다.

1년 동안의 실적을 평가하는 '컨벤션 트립'에 비해 9월에 떠나는 '썸머 페스티벌'은 해당 연도 7~8월의 단기실적을 평가하기 때문에 상

대적으로 대상자가 되기 쉬웠다. 나는 부러운 눈길로 '컨벤션 트립'을 떠나는 선배들을 보며 실적관리에 신경을 썼고, 무난히 대상자로 선발되어 마침내 처음으로 푸껫행 비행기에 올랐다. 이때 푸껫으로 떠난 ING생명 FC는 1,000여 명에 육박했고, 우리 지점에서는 15명이 함께했다.

푸껫은 아름다웠다. 가수 박미경 등이 무대에 올라 노래를 부른 그 축제의 밤을 잊을 수 없다. 동남아의 별들을 바라보며 다시 한 번 '앞으로 이런 기회를 절대 놓치지 않겠다'고 다짐했다.

푸껫에 올 때 일행은 대부분 이코노미석을 이용했지만, 어느 수준의 랭킹 안에 드는 실적우수자는 비즈니스석을 이용했다. 이들은 페스티벌 사회자나 가수들과 비즈니스석에서 대화를 나누기도 했다. 그래서 '다음에는 꼭 비즈니스석을 타야겠다'고 결심했다. 특히 '컨벤션 트립'

'썸머 페스티벌'의 대상자로 선발되어 푸껫행 비행기에 올랐다. 이때 푸껫으로 떠난 ING생명 FC는 1,000여 명에 육박했고, 우리 지점에서는 15명이 함께했다.

을 향해 더욱 노력해야겠다고 마음먹었다.

마침 우리 지점 동료 가운데 예전에 푸껫에서 가이드를 했던 분이 있어서 우리는 배를 하나 빌려서 바다낚시, '제임스본드 섬' 관광, 해양 스포츠를 즐겼다. 비단 우리 지점 동료들뿐 아니라 여러 사람과 얘기를 많이 나눌 수 있었는데, 더 많은 공부를 하기 위해서라도 다른 지점 사람들과 다양하게 사귀어야겠다는 생각이 들었다. 평상시에는 각자 바삐 일하느라 다른 지점이나 타 지역 사람들과 교류하기 어렵다. ING생명 전체 FC 1만 명 가운데 매년 각양각색인 1,000여 명이 함께 시간을 보낼 수 있는 단체여행은 참으로 귀한 기회였다.

특히 시상식에서 시상대에 서고 상을 받고 소감을 말하는 모습을

평상시에는 각자 바삐 일하느라 다른 지점이나 타 지역 사람들과 교류하기 어렵다. ING생명 전체 FC 1만 명 가운데 매년 각양각색인 1,000여 명이 함께 시간을 보낼 수 있는 단체여행은 참으로 귀한 기회였다.

푸껫은 아름다웠다. 가수 박미경 등이 무대에 올라 노래를 부른 그 축제의 밤을 잊을 수 없다. 동남아의 별들을 바라보며 다시 한 번 '앞으로 이런 기회를 절대 놓치지 않겠다'고 다짐했다.

보면서 단상 아래에 있는 사람들은 '언젠가는 나도 저 무대에 서겠다'는 다짐을 하게 된다. 나 또한 같은 다짐을 했다. 2004년의 푸껫은 내게 희망 가득한 미래로 나아가는 새로운 출발지였다.

푸껫에 다녀온 후 나는 해마다 4월의 '컨벤션 트립'은 어떨까 궁금증이 더해졌다. 하지만 2005년 4월 코타키나발루 '컨벤션 트립'도 2003년 부실계약 건으로 가지 못했고, 2005년 여름 인도네시아 발리로 떠는 '썸머 페스티벌'에서 다시 한 번 '컨벤션 골드' 달성을 다짐했다. 그런데 실적으로는 '골드'를 달성했지만, 전혀 몰랐던 새로운 규칙이 생기는 바람에 '브론즈'에 머물고 갈았으나 이때 처음으로 컨벤션을 달성하게 되었는데, 이때부터 한 번도 빠지지 않고 2016년까지 11년 연속 'ING Cup Convention Gold'를 달성하였다.

그리고 푸껫 여행에서 나는 영감을 많이 받았고, 이것이 동기부여가 되어 지금까지 한 번도 빠지지 않고 입사 이후 12년 연속 '썸머 페스티벌'을 달성하였다. 특히 2015년에는 2012년부터 4년 연속 '썸머 페스티벌' 1등에 선발되었다. 그리고 당연히 비즈니스석에 앉았다.

🌏 기회가 영광을 만든다

보험업계 입문 만 1년차인 2004년 신계약을 통해 선지급으로 받은 수당은 약 1억 2,000만 원이었다. 하지만 나는 그 몇 배나 되는 이익을 얻었다고 생각했다. 다양한 업종에 있는 좋은 사람들을 많이 만났고, 컨설팅하면서 더 많이 공부하게 되었으며, 고객들의 업적이나 회사의 성공 이야기를 들으면서 동기부여를 받았다.

그런데도 기존 규정대로라면 충분히 'Gold'가 되었을 텐데 예상치 못한 새로운 규칙 때문에 'Bronze'에 머문 2005년 활동은 두고두고 아쉬움이 남았다. 만약 처음 나를 담당했던 매니저가 컨벤션 달성 기준을 정확히 설명해주고, '의심 가는 계약은 조심하라'고 조언해줬더라면 하는 아쉬움도 없지 않았다.

남들은 '보험업계 입문 1년차에 연봉 1억 원을 넘게 받았으니 그만하면 대성공'이라고 했지만 내게 2004년과 2005년은 그렇게 미련이 남는 해가 되었다. 그래서 나는 '아주 잘했지만 실패했다'고 평가했다. 이때 '회사에서 제공하는 최고 클래스에 도전하자'고 마음먹었다. 기본 2년 정도는 MDRT를 하고, 그 이후에는 COT나 TOT에 도전하겠다는 결심이었다.

연간 판매실적이 100만 달러 이상이 되면 MDRT 멤버로 가입할 수 있는데, 나는 이미 그 기록을 가지고 있었다. MDRT 상위 단계인 COTCourt of the Table 자격은 MDRT 실적의 3배, 보험영업에서 최고 영광이라 할 수 있는 TOTTop of the Table 자격은 MDRT 실적의 6배였다. 우리 돈으로 환산할 때, 신계약 수당으로 MDRT 멤버보다 6배나 되는 4억 4,000만 원 이상의 소득을 올려야 TOT 멤버로 가입할 수 있었다. 따라서 TOT는 MDRT 회원 중 상위 0.1%에게만 주어지는 최고의 영예였고, 많은 FC가 꿈꾸는 영광의 미래이기도 했다.

2004년 1억 2,000만 원에 이어 2005년 1억 8,000만 원의 소득을 기록하여 MDRT에 머물러 있던 나는 COT나 TOT에 도전하겠다는 결심을

2016년 4월 22일 코엑스에서 열린 ING Cup Convention 시상식에서 ING생명 5년 연속 FC Champion 수상 공로로 ING생명 역사상 FC 조직 내 최초로 '명예상무'로 진급하는 영예를 누리게 도 었다.

굳히고 해마다 전년도 소득의 50% 정도만 성장하자는 구체적인 연간 극표를 세웠다.

그 목표를 향해 나아가며 2006년부터 2009년까지 연속으로 ING생명 컨벤션Convention 'Gold'를 기록했다. 그리고 처음으로 회사 컨벤션Convention '플래티넘Platinum' 제도가 만들어진 2010년엔 그 자리에 올랐으며, 2011년 영업부터 2015년 영업까지 5년 연속 ING생명 'FC Champion'이 되었다.

ING생명에는 연간 실적 및 유지율 등으로 평가하여 해외여행으르 보상해주는 컨벤션, 그리고 7월과 8월 한여름의 단기 실적 및 유지율르

나는 8년여의 시간을 거쳐 2011년에 최단기로 ING생명에서 Royal Lion(명예이사)이 되었으며, 2016년에는 FC 조직내 최초로 '명예상무'로 진급하는 영광을 안았다.

만 평가하여 해외여행으로 보상해주는 썸머 페스티벌 이외에도 입사 1년 이후부터 1년마다 평가하여 직급을 부여해주는 '라이언Lion' 등급도 있다. 입사 만 2년째가 되면 G-Lion, 만 3년째가 되면 S-Lion, 만 4년째가 되면 E-Lion을 달 수 있고, E-Lion을 4년 연속 또는 통산 5년을 유지해야 R-Lion이 될 수 있으므로 아무리 최단기로 Royal Lion이 된다 해도 최소 만 8년은 걸린다. E-Lion을 유지하는 동안 한 해라도 실패하면 다시 1년을 채워야 하므로 만 8년을 한 번도 실패하지 않아야 최단기로 Royal Lion을 달 수 있는 것이다.

나는 그런 시간을 거쳐 지금 ING생명에서 50여 명밖에 없는 Royal

Lion이자 명예이사가 되었다. 그리고 2016년 4월 22일 코엑스에서 열린 ING Cup Convention 시상식에서 ING생명 5년 연속 FC Champion 수상 공로로 ING생명 역사상 FC 조직 내 최초로 '명예상무'로 진급하는 영예를 누리게 되었다. 또한 회사에서는 시간관리를 효율적으로 해서 더 많은 고객과 상담할 수 있도록 운전기사도 지원해주기로 하였으며, 평생 기억에 남을 만한 회사 임원진 및 고객들의 축하 메시지가 담긴 기념들판도 제작해주었다.

이 모든 것이 지난 13여 년 동안 열심히 일한 것을 ING생명이라는 회사 차원에서 인정해주고 보상해주는 것이라 생각하니 더더욱 모범을 보이고 후배들에게 법인컨설팅 사례를 아낌없이 나눠주고 베풀어야겠다는 막중한 책임감을 다시금 느끼게 되었다.

🔑 한순간이라도 소홀히 하면 고객은 떠난다

라이언 제도는 단순히 지급받는 수당뿐 아니라 1년마다 계약 전체를 평가하기 때문에 특히 계약 건수와 유지율이 중요한 기준이 된다. 13회차, 25회차, 37회차, 49회차, 즉 만 4년 동안의 유지율을 평가하므로 MDRT보다 라이언이 달성하기가 더 어렵다. 내 25회차 보험 유지율은 약 99%, 37회차 유지율은 약 98.5%였다.

이 유지율이 가능하게 된 것은 욕심을 버리고 무리하지 않기로 마음먹은 덕분이다. 법인고액계약은 회사 상황에 맞는 컨설팅을 하면서 거기에 맞는 금액으로 제시하고, 절대로 실적을 생각해 무리하게 금액을 높이려 하지 않았다. 아무리 고객이 고액으로 하겠다고 해도 재무제표를 본 후 재고하라고 권하기도 했다. 그래도 적정 수준 이상의 계약을 하겠다고 하면 오히려 내가 거절했다.

고객관리는 한 달이나 두 달 또는 수시로 하되 정기적인 소통이 중요하다. 골프대회나 문화예술 행사에 초청한다거나 함께 식사하면서 교류해나가는데, 그렇게 고객들과 소통하는 데 드는 비용은 내 소득 중 최소한 40% 이상이 든다. 나는 이렇듯 고객과 소통하는 데 모든 포커스를 맞추며, 그 소통을 통해서 새로운 인맥네트워크를 만들어가면서 그분들의 사업영역에 서로 관심을 갖고 지켜볼 수 있는 시간도 만들게 되었다. 때로는 그러한 인맥소통의 시간을 통해 내 고객들끼리 비즈니스를 협력해나가는 모습을 볼 때마다 가슴 뿌듯함을 느끼곤 한다. 2015년에는 이러한 고객관리 비용으로만 6억 원 이상을 쓰기도 하였다.

VIP로 판단되는 분에게 감사의 마음을 담아 드리는 나만의 선물이 있다. 고급 골프용품을 선물하거나 양복점에서 정장을 맞춰드리는 것인데, 양복값은 400만 원 정도다. 내가 술을 안 마시기 때문에 근사한 술집에 모시고 가서 좋은 술을 대접하기가 어려우니, 그 대신 좋은 날 기분 좋게 입으시라고 평생 기억에 남을 만한 멋진 양복을 선물하는 것이다. 물론 나는 그런 비싼 양복을 입어본 적이 없다.

계약을 맺었다고 해서 고객과 소통을 게을리해서는 안 된다. 꼭 FC 때문이라고는 할 수 없지만 '고객은 언제라도 변심할 수 있다'는 사실을 잊지 말아야 한다. 이미 계약을 맺은 고객이라도 관리를 소홀히 하고 실적을 위해 신규계약만 쫓다 보면 결국 기존 계약마저 유지하기가 어렵

다. 한순간이라도 소홀히 하면 멀어지는 게 고객이고, 다시 붙잡으려 해도 이미 떠난 버스가 될 뿐이다.

나는 그런 허무한 일을 겪지 않으려고 시간을 철저히 안배해서 사용한다. 내게 10시간이 있다면 그 가운데 4시간은 기존 고객을 관리하는 데 사용하고, 6시간은 새로운 '가망 고객'을 만나 소통하는 데 주력한다. 반드시 쉬어야 할 휴일 이외에 1년 동안 300일 정도는 일에 매달리고, 하루 잠자고 쉬는 시간 빼고 14시간 이상을 일한다. 그러니까 1년으로 치면 4,200시간을 고객을 위해 일하는데, 그 가운데 약 1,700시간은 기존 고객을 위해 쓰고, 나머지 약 2,500시간은 신규 고객을 발굴하기 위해 쓴다.

그렇게 하려면 자기관리를 철저히 하는 것이 중요하다. 몸이 아프거나 쓸데없는 일을 벌이면 10시간 중 2~3시간을 낭비하게 되고, 결국 기존 고객이나 신규 고객을 위해 할애할 수 있는 시간도 그만큼 줄어든다. 7~8시간 뛰는 사람이 어찌 10시간 뛰는 사람을 이기겠는가.

나는 보험 일을 시작한 첫해에 중장기적인 '10년 계획'을 수립했다. ING생명에서는 입사하고 처음 1년 동안은 아무리 실적이 좋아도 회사 내 직급 승급의 기준이 되는 'LION'이라는 특별한 직급 승급을 할 수 없게 되어 있다. 최소 입사 후 만 2년이 지나야 'LION'이라는 직급 승급 심사 기회를 주는 것은 내 생각에는 '1년 동안은 '지인 시장'을 활용해 충분히 실적을 올릴 수 있으니 1년이 지나야 그 진가를 알 수 있다'고 판단하기 때문이 아닐까 싶다.

사실 처음 1년 동안은 누구나 의욕적으로 실적을 올릴 수 있다. 그래서 그 기간이 스스로 살아온 인생에 대한 '보너스 기간'이라고 생각한다. 이 사실을 알기에 당장 1~2년을 보기보다 더 먼 앞날을 보기 위해 '10년 계획'을 세운 것이다.

다른 FC들도 어떤 보험회사에 소속되어 일하건 나름대로 계획이 있을 것이다. 어떤 상황에 있더라도 1년이건 5년이건 10년이건 그 이상이건, 너무 성급하게 욕심 부리지 않고 단계적으로 성장할 수 있는 수준의 밑그림을 그리는 것이 중요하다.

나는 보험 일을 시작한 지 2년 만인 2005년 9월 '3W' 100주를 달성했다. 이때 General Lion으로 승급도 되었지만, '이제부터 시작이고 앞으로 갈 길이 멀다'는 생각을 했다. 이후 3년째인 2006년부터는 연봉이 3억 원을 넘었고, 그해에 COT를 달성했다. 이를 포함해 지금까지 만 12년 동안 MDRT 3년, COT 5년, TOT 4년을 거쳐 2014년에는 MDRT 종신 멤버가 되었다.

비결이랄 것도 없는 나 나름의 비결이 있다면 그것은 다음과 같다.

☑ 욕심 부리거나 무리하지 않는다.
☑ 고객과 소통을 게을리 하지 않는다.
☑ 10시간을 10시간으로 쓸 수 있도록 자기관리를 철저히 한다.

새로운 사람은 얼마든지 있고,
그들과 좋은 인연을 맺는 일은 결국 내가 하기 나름이다.
그 가운데 10%만 건져도 잘했다고 여기자.
그 많은 사람을 다 내 고객으로 만들겠다고 생각하기보다는
인맥을 쌓고 좋은 사람들을 찾는 일에 열중하자.
그런 다음 그 사람들 중 일부만이라도
내 고객이 된다면 그걸로 만족하자.

PART **3**

사람에게
투자해라

🔑 나눔을 실천하다

2005년에 내 보험인생에서 또 한 번 전환점이 있었다. 그해 하반기, 만난 지 오래되지는 않았지만 수십 년 지기처럼 가까이 교류하던 세무법인 사무장이 준 기회가 그것이다. 김 사무장은 미국에 본사가 있는 글로벌 신발회사인 ㈜허시파피코리아의 정윤수 회장님과 조병주 전무님을 소개해주었다. 광인산업㈜ 김형주 회장님이 CEO 시장에서 컨설팅 역사를 열어준 것처럼 정 회장님과 조 전무님은 그 이후 만난 진정한 'VVIP 고객'이다.

2006년 들어와 정 희장님에게 회사 정관 가운데 일부 세부적인 내용을 변경하도록 조언하고 회사가 갖추어야 할 컨설팅 플랜을 제시한 다음 월납 500만 원의 계약을 했다. 나는 그 인연을 더욱 소중히 이어가기 위해 봉사모임을 만들자고 제안했고, 정 회장님께서도 흔쾌히 동의해주셨다.

그렇게 탄생한 봉사단체가 '그린회'다. 정 회장님이 고문을, 조 전무님이 회장을, 내가 총무를 각각 맡았다. 그린회는 사회적으로 소외된 계층에게 도움을 주는 모임으로, 알코올 중독자 아빠와 장애인 엄마를 둔 아이 셋을 시작으로 본격적으로 후원에 나섰다. 이후 여러 사람이 모임에 참여하게 되었고, 교회 집사님의 추천을 받아 후원을 계속해나갔다. 각 회원들은 한 달에 5만 원씩 후원금을 냈으며, 두 달에 한 번씩 봉사활동을 했다. 지금은 그린회 내에 '어린이재단'을 별도로 두어 자라나는 아이들에게 희망을 주고자 노력하고 있다.

내가 봉사모임 결성을 제안한 것은, 보험업계에서 조금씩 자리를 잡아가고 연봉도 점차 높아지면서 받기만 한다는 생각이 들었기 때문이다.

많은 사람과 인간적인 교류로 아낌없이 받고 있다면, 그만큼 인간적인 나눔을 실천해야 한다.

이 같은 생각에 정 회장님과 조 전무님 그리고 많은 회원이 힘을 실어주었고, 총무로서 나눔의 기회를 얻었으니 얼마나 감사한 일인가. 그리고 그 나눔은 또 다른 기회를 만들어주었다. 순수한 취지에서 고객을 대하고, 고객이 아니어도 더 많은 사람과 인간적으로 교류할 수 있었던 것도 내 인생에서 확실한 전환점이 되었다.

감사하게도 정 회장님께서 내 실력을 높이 평가해주시어 그 이후로 ㈜허시파피코리아 내부 임원들도 전부 내 고객이 되었다. 정 회장님 또한 월납 500만 원으로 시작한 계약을 지금은 법인에서 월납 6,000만 원이 넘는 금액으로 10배가 훨씬 넘는 금액을 납입하고 계신다.

㈜허시파피코리아는 주로 신발을 만드는 회사이다 보니 부자재와 가죽원단 공급처, 제조사, 물류사 등 협력업체가 많았다. 2010년 어느 날, 정 회장님 초청으로 그 협력업체들이 한 달에 한 번씩 하는 골프모임인 '허시파피 행복회'에 가게 되었다.

그 후 계속 골프모임에 참여하며 묵묵히 골프용품을 협찬해왔는데, 2012년 어느 날 협력업체 가운데 하나인 삼진포장 고영득 대표님이 나를 집으로 초대했다. 평소 '형님'이라고 부를 정도로 가까웠던 고 대표님은 "정 회장님과 조 전무님께서 입에 침이 마르게 칭찬하기에 눈여겨봤다"고 하더니 자신이 가입한 보험증권 40여 개를 보여주며 분석해달라고 했다.

나는 보험증권을 보면서 지금까지 만나본 분 중 가장 많은 보험을 가입하신 분이어서 놀라지 않을 수 없었다. 그래서 좀 더 철저하게 보험증권을 분석한 결과 대부분 저축성 연금이고 사망보험금이 거의 없는 등 유사시에 대비하는 부분이 약하기에 그 부분을 대비하도록 자세히 설명했다.

하지만 나는 보험계약을 바로 권유하지 않았다. 워낙 많은 보험을 가입하신 상태에서 참으로 난감한 부분도 없지 않아 있었다. 그러나 이미 1년 이상 함께 만나 인간적으로 교류하면서 그분께 가르침도 많이 받았다. 따라서 좀 더 정확한 보험의 필요성을 논의하기 시작했고 마음을 담아 정성껏 보장자산의 필요성을 설명하자 고 대표님께서 감동하시어 곧바로 월납 630만 원, 보장자산 15억 원짜리 종신보험을 계약했다. 이것이 내게 첫 협력업체 계약이었다.

이 인연이 또 전환점이 되어 나중에는 ㈜허시파피코리아 협력업체 CEO들 중 90% 이상이 내 고객이 되었고, 그분들의 소개로 더 많은 업체의 좋은 분들을 만나게 되었다. 돌이켜보면 내가 챔피언 자리에 오를 수 있었던 가장 중요한 기반이 바로 허시파피와 인연을 맺은 것이었다.

인연이 인연을 낳는다. 당장의 소득을 위해 성급히 '영업'이라는 결과를 바라지 말아야 그 인연이 이어진다.

따라서 신뢰를 쌓고 컨설팅할 때 최선을 다하는 자세가 가장 중요하다. '롱런'하겠다는 마음으로 멀리 보고, 당장의 계약에 조급해 하지 않는 것이 가장 빠른 길이다.

항상 고객의 니즈Needs를 파악하고 진솔하게 다가가야 하며, 고객과 평생 가겠다는 마음을 가져야 한다. 고객이 살아야 나도 살고 고객이 죽으면 나도 죽는다.

🔑 챔피언 자리에 서다

2006년 Senior Lion을 달성하고 150주 연속 '3W'를 이루었지만 컨벤션은 아직 브론즈였다. 그래도 해마다 4월이면 'Convention Trip'을 떠나는 사람들을 부러운 눈으로 쳐다보며 'Summer Festival'에 만족해야 했던 설움 아닌 설움에서는 일단 벗어났다.

하지만 아쉬움과 부러움은 여전했다. 2006년 3월 코엑스에서 열린 ING생명 시상식에서 나는 챔피언을 위한 박수부대의 한 사람이자 구경꾼일 뿐이었다. 시상식의 하이라이트는 FC 챔피언의 입장식이었는데, 그 화려함과 현란함이 참으로 대단했다. 어떤 사람은 하늘에서 내려오고, 어떤 사람은 땅에서 솟아나왔으며, 말이나 오토바이를 타고 나오는 사람도 있었는데 연출이 상상을 초월할 만큼 거대하고 웅장했다.

먼발치에서 시상식을 지켜보며 'ING 챔피언이 되면 저런 대우를 받는구나', '저 무대에 오르면 기분이 어떨까' 하는 생각만 했다. 그리고 다시 한 번 챔피언의 꿈을 꾸었다. 언젠가는 구경꾼이나 방관자, 박수부대가 아니라 주인공이 되겠다는 생각을 거듭했다. 그때가 되면 아무 장치가 없어도 하늘로 솟아오를 수 있을 것 같았다.

그런 다짐을 하며 그해 4월 괌으로 'Convention Trip'을 떠났다. 이때 아내와 여섯 살짜리 딸, 다섯 살 먹은 아들을 데리고 갔다. 컨벤션 Gold는 배우자 한 명을 무료로 동반할 수 있고, 컨벤션 Silver는 배우자 75% 지원, Bronze는 배우자 50% 지원이었으며, 자녀들은 실비를 냈다. 나는 Bronze여서 아내 경비만 50% 지원받고 아이들은 실비를 냈다.

처음으로 회사에서 개최하는 가족행사에 같이 갔던터라 아이들과 함께 바나나보트, 수상스키, 카누, 카약 등을 하며 신나게 놀았다. 아직 갈 길은 멀었지만 FC로서, 아빠로서 뭔가 한 것 같은 느낌이 들고 나름대로 아주 뿌듯했다.

여행에서 돌아온 뒤 미래를 향해 다시 달렸다. 2006년에 컨벤션 Gold를 달성하면 2007년에 카리브해로 크루즈투어를 보내주는 회사 방침이 정해지자 내 마음은 이미 카리브해안에 가 있었다. 하지만 Gold는 해마다 많아봐야 100여 명 정도였고, 적을 때는 20여 명에 불과했기에 남보다 더 뛰어야 그 꿈을 이룰 수 있었다. 결국 나는 그 꿈을 이루었고 카리브해가 나와 아내에게 다가왔다.

2007년 4월, 마침내 컨벤션 Gold를 달성한 나는 아내와 함께 꿈에

2007년 4월, 마침내 컨벤션 골드를 달성한 나는 아내와 함께 꿈에 그리던 카리브해 크루즈투어를 떠났다. 8박 9일 동안 뉴욕, 마이애미, 키웨스트, 멕시코 칼링카를 여행하는 너무나도 아름다운 시간이었다.

마이애미에서 배를 타고 정글 투어를 했는데, 엘리게이터를 보고 크로커다일이라고 했다가 망신을 당하기도 했다.

그리던 카리브해 크루즈투어를 떠났다. 8박 9일 동안 뉴욕, 마이애미, 키웨스트, 멕시코 칼링카를 여행하는 너무나도 아름다운 시간이었다.

우리는 먼저 뉴욕을 관광하고 플로리다까지 비행기를 타고 간 후 당시 미국 메이저리그 플로리다 마린스에서 김병현이 활약하던 플로리다 마린스 스타디움을 구경했다. 마이애미에서 배를 타고 정글 투어를 했는데, 엘리게이터를 보고 크로커다일이라고 했다가 망신을 당하기도 했다.

이어 크루즈를 타고 미국 최남단으로 헤밍웨이가 머물렀던 키웨스트에서 여행을 즐겼다. 멕시코에서는 칼링카라는 카리브해변 주위의 마야문명 유적지를 둘러보고, 다시 왔던 길을 따라 뉴욕으로 가서 한국행 비행기를 탔다.

각자 가족을 포함해 150명 정도가 함께 여행했다. 나는 출발하기전 난생처음 디지털카메라를 샀는데, 1등 경품으로 또 디지털카메라를 받는 바람에 '럭키보이'가 되었다. 그 행운이 아니라도 이 여행은 아나와 내게 평생 잊지 못할 시간이 되었으니 이미 그것만으로도 충분히 럭키보이였다. 2008년 스페인 여행에서는 편안한 휴식, 다양한 경험, 동료들과의 친분, 가족과의 소중한 시간, 나 자신의 재충전 등 잊을 수 없는 시간을 보냈다.

이렇게 나는 2006년 영업부터 Gold를 달성해 10년 연속 이 기록을 이어왔다. 2004년과 2005년 1억 2,000만 원과 1억 8,000만 원이던 연봉

도 2006년부터 3억 원을 넘었고 이후 5년 연속 COT 달성과 4년 연속 TOT를 달성했다. 그리고 드디어 2012년 3월 'ING CUP Convention' 시상식에서 나는 처음으로 FC CHAMPION으로서 당당히 코엑스에서 열린 회사 시상식 무대에 등장했다. 성악가의 위대한 챔피언이라는 노래와 소개 멘트가 끝난 후 나는 드디어 땅에서 솟아나온 후 하늘로 올라갔다가 다시 땅으로 내려왔다.

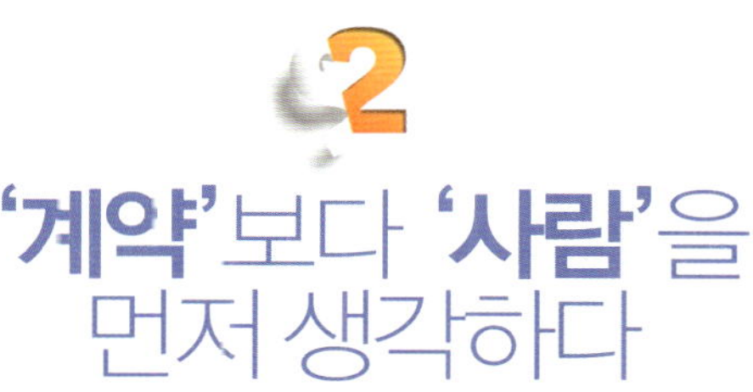

'계약'보다 '사람'을 먼저 생각하다

챔피언 자리에 오르기까지 참으로 많은 사람을 만났다. 2006년부터 대학원 최고경영자 과정에 직접 뛰어들었다. 그해 9월 중구상공회 CEO과정 1기 총무를 맡으며 CEO과정을 수료하고, 2007년 1월부터 4월까지 3개월간 동국대학교 부동산 최고경영자과정에 다녔다. 곧바로 2007년 9월에는 고려대학교 공학대학원 도시개발최고위과정을 다녔으며, 10월에는 성동구상공회 CEO과정에 들어갔다.

나 자신을 한 단계 높이기 위한 과정이었기에 저녁마다 열심히 배우고 사람들과 교류했다. 중구상공회에서는 계약을 한 건밖에 못했지만 좋은 사람들을 많이 만났다. 이 과정을 포함해 거의 모든 대학원과 CEO과정에서 사무총장과 총무를 도맡았다. 이는 좀 더 능동적이고 활동적으로 단체를 이끌어가는 경험이 되었다.

내가 FC 일을 하면서 기존 고객들의 인맥을 초창기에 잘 만들어가 게 된 계기도 있었으니, 최고경영자과정에 입학하기 전인 2006년에 만난 ㈜디와이종합화학 하지영 대표님 덕분이다. 우리 지점에 있던 선배가 그만두면서 넘겨받은 이관고객인데도 하 대표님 자신은 물론 가족이 모두 고객이 되는 인연을 맺었다. 하 대표님은 지금도 골프를 아주 잘 치시지만 10년 전인 30대 중반에도 대단한 골프 실력가였다. 하 대표님을 만나고 나서부터 나는 CEO분들과 인맥을 형성하려면 결국 골프를 배워야 한다는 생각에 그 이후 골프를 배우게 되었다. 그것이 지금의 'VVIP CEO 고객 초청 골프대회'라는 나의 메인 고객관리 프로그램이 되었다. 특히 하 대표님은 G마켓 공동창업자인 양대식 대표님을 소개해주는 등 내가 2012년 최초로 'FC CHAMPION'이 되는 데 큰 역할을 했다. 그래서 코엑스에서 열린 2012년 3월 챔피언 시상식에는 내 1호 VVIP 고객인 광인산업㈜ 김형주 회장님 가족과 하지영 대표님, 양대식 대표님을 초대했다. 그해 컨벤션 트립 장소였던 발리 풀 빌라 여행에도 하 대표님과 양 대표님을 모시고 갔다.

동국대학교 부동산과정에서는 도움 되는 계약이 거의 없었고 고려대학교 도시개발과정도 모임 자체가 어려워졌다. 하지만 고려대학교 도시개발 최고위과정에서 좋은 사람들을 만나 지속적으로 관계를 맺었다. 그중 3년 동안 지속적으로 컨설팅을 한 끝에 ㈜정우이엔씨 이종협 회장님과는 2010년 12월 법인에서 월납 1,000만 원짜리 계약을 맺었으며, 1년 뒤에는 400만 원을 추가로 증액하기도 했다.

성동구상공회 CEO과정에서는 '팜스프링스'라는 골프웨어 전문 브랜드 기업인 ㈜네오피에스 안복희 대표님을 만나 지금까지 '누나'라고 부르면서 따르고 있다. 안 대표님은 내 첫 여성 CEO 고객으로, 2007년 10월 처음 만나 4년이 지난 2011년 고객이 되었다. 4년 동안 나는 '보험'이라는 말 한마디 꺼내지 않고 정관 변경 등 법인과 관련한 자문을 정기적으로 해주었다. 그리고 나부터 그 회사 브랜드 옷을 사서 입고 고객들에게도 선물도 하고 홍보도 했다.

안 대표님은 처음에는 법인에서 월납 500만 원짜리 계약을 한 다음 500만 원을 증액했고, 회사에 부사장과 이사로 근무하는 아드님 두 분과 조카들, 협력업체 사장까지 내 고객으로 연결해주었다. 안 대표님은 '팜사모'라는 협력업체 모임에 나를 초대해주었는데 거기서 ㈜두손컴테크 이덕용 회장님을 만나 '형님'으로 모셨다. 이 회장님도 회사 정관 변경 및 차명주식과 관련된 컨설팅에 대해 자문을 해드렸고, 결국 법인에서 월납 600만 원짜리 종신보험을 계약했다.

또한 이 회장님은 친하게 지내시는 전 직장 선배 스마트물류㈜ 권정국 대표님을 소개해주셨는데, 권 대표님은 이미 10여 년 전부터 ING 생명 VIP 고객이셨다. 권 대표님은 10년 동안 납입하여 납입이 완료된 계약이 있었으며, 물류회사 및 기타 여러 회사를 운영하고 계셨다. 그래서 운영하는 모든 회사 정관 변경 및 가업승계, 상속세와 관련된 부분을 집중적으로 자문해드리게 되었고, 성실함과 지식으로 무장한 내 모습에 매료되어 법인에서 월납 600만 원짜리 종신보험을 계약하셨으며, 추가로 350만 원짜리 종신보험을 계약하게 되었다.

나중에 안 얘기지만 권 대표님 사모님과 ㈜허시파피코리아 정 회장님 사모님과는 이미 10여 년 전부터 함께 골프를 치는 매우 친한 사이였다. 2015년 4년 연속 'FC CHAMPION'이 되어 ING생명 컨벤션 트립으로 인도네시아 발리에 가게 되었는데, 이때 이곳에 두 부부를 함께 초빙하게 되었다. 이덕용 회장님 덕분에 권정국 회장님께서 내 VVIP 고객이 되어 컨벤션 트립에 함께 가게 되면서 그동안 서로 소식이 끊겼는데 재회하는 기쁨도 누리게 되었다. 결국 내가 두 분의 우정을 다시 연결해드린 셈이 되어 그해 챔피언이 되면서 함께했던 컨벤션 트립은 더욱 의미 있게 기억되었다.

내가 이렇게 좋은 사람들을 소개받을 수 있었던 것은 절제와 성실을 바탕으로 꾸준히 노력한 결과라고 생각한다.

☑ 진솔하게 대하라.
☑ 남다른 컨설팅 내용과 콘텐츠로 성실하게 자문하라.
☑ 인품과 인덕이 좋은 분이면 배우는 자세로 관계를 계속 유지하라.

이런 자세로 인간적인 끈을 놓지 않고 지속적으로 내 것을 투자해야 한다. '10년 이상 보겠다'는 마음으로 그 사람에게 필요한 지식으로 무장하고 성실하게 지속적으로 대하다 보면, 그것이 바로 나만의 무기가 된다.

🔑 인간적인 면을 먼저 판단하라

사람들과 처음에는 인간적인 관계로 시작하는 것이 좋다. 비즈니스를 하기에 앞서 그 사람의 니즈를 먼저 파악하고 '내가 가지고 있는 인맥으로 그 사람에게 어떤 도움을 줄 수 있는지'를 생각하고 고민해야 한다. 그런 모습을 보이면 사람들이 저절로 신뢰한다. 또한 항상 도움이 되는 사람의 자세를 갖추어야 한다. 그렇게 하면 사람들은 컨설팅받을 사안이 있을 때 반드시 나를 찾는다.

사람을 처음 만났을 때 어떤 식으로 다가서고 어떤 모습을 보이느냐에 따라 관계가 달라지고 인생이 달라진다. 비즈니스만을 위해서 다가가면 쉽게 성공하기 어렵다. 나는 VIP 고객들 중 99% 이상을 형님, 누나 등으로 부르고, 나머지 1% 정도만 회장님이나 사장님이라는 직함으로 부른다. 그만큼 친근감 있게 다가서고 친한 모습을 보여줬다는 얘기다.

처음부터 인간적인 모습으로 다가가면, 당장 계약을 하지 않고 직접 도움이 되지 않더라도 언젠가 다른 사람과 연결될 수 있다. 나를 좋게 판단했다면 주변 사람들에게 '좋은 사람'으로 나를 소개해주려고 노력하게 되어 있다. 그런 결과가 설사 없더라도, 인간적으로 좋은 사람을 만나 관계를 형성하고 장기적으로 만나는 것 자체를 행복한 일이라고 생각하자.

나와 계약을 하느냐 안 하느냐가 중요한 포인트가 아니기에 인간적으로 좋은 사람이라는 판단이 서지 않으면 돈이 아무리 많아도 아예 컨설팅을 하지 않는다. 나와 고객들의 관계가 유독 오래 유지되는 비결도 바로 그런 인간적인 면을 먼저 판단하는 신중함 덕분이 아닐까 생각한다.

남들보다 앞서려면 많이 알아야 한다. 심지어 세무사나 회계사가 모르는 내용까지 알아야 신뢰를 받을 수 있기에 세법 분야에서 최고 전문가가 되자고 다짐했다. 법인컨설팅을 하려면 세무사나 회계사보다 더 많이 알고 있고, 오히려 그 수준을 능가해야 한다. 그러려면 상대적으로 더 많이 공부해야 하는 건 말할 필요도 없다.

🔑 고객과 소통하는 것은 미래와 소통하는 것이다

대학원 최고경영자과정 등을 수료하면서 나는 앞에서 말한 교훈을 더욱 확고하게 얻었다. 나는 2006년부터 본격적으로 대학원 CEO과정을 노크해서 새로운 인맥을 만들며 컨설팅에 집중적으로 투자했다. 그리고 2008년 내 보험인생에 새로운 획을 긋는 대학원 과정을 듣게 되었다.

2008년 3월, 나는 고려대학교 컴퓨터정보통신대학원 ICP 24기에 들어갔다. 이곳은 내가 그동안 경험한 대학원 과정 중 가장 활성화되었고 총동문회도 상당히 활발하게 운영되었다. 다만 '보험회사 사람은 입학하지 못한다'는 규정이 있어서 소속을 다른 회사로 적을 수밖에 없었다. 그런데 정작 입학하고 보니 ING생명 FC가 네 명이나 있었다.

고려대학교 ICP 역사상 나처럼 30대가 입학한 전례가 없었던 데다가 나는 같은 기수 중 최연소인 서른여덟 살이었다. 입학식이 끝난 뒤 대학원을 이끌 사무총장을 뽑아야 했는데, 지원자가 다섯 명이었다. 나는 지원하지 않고 묵묵히 수업을 들었는데, 한 달쯤 뒤 대학원 원장님께서 나를 추천하셨던 ICP 5기 김 대표님께서 사무총장으로 추천하셨다면서

2008년 6월부터 'VVIP CEO 초청 자선 골프대회'를 매년 2회씩 개최한 이후로 올해 상반기에는 17회 개최할 여정이다. 2014년 하반기 'VVIP CEO 초청 자선 골프대회'를 통해 초록우산 어린이재단에 기부금을 전달하고 있다.

우리 기수 이홍재 회장님과 상의한 뒤 최종적으로 나를 사무총장으로 지명했다.

그때부터 2013년까지 만 5년을 사무총장으로 일하면서 이홍재 회장님, 구자범 대표님, 장경아 누나, 이초영 누나, 김혜영 누나, 심진섭 회장님, 최상열 대표님, 김형수 대표님, 권인혁 대표님, 문일동 대표님, 홍대유 조교사님, 김학준 대표님, 최영룡 변호사님, 최병기 치과원장님, 박상수 대표님, 이성은 대표님 등 인간적으로 신뢰할 수 있는 좋은 사람들을 많이 만났다. 총동문회 회원 중 나와 같은 고향 출신이 여러 명 있어서 그들과 '전사모'라는 모임도 따로 만들어 끈끈한 정을 나누기도 하였다.

사무총장을 하면서 그중 3년은 사무총장과 골프 총무를 동시에 맡았다. 주변에 사람들이 많아지니 일정이 중복되는 일도 있었다. 이럴 때는 '가능하면 멤버들이 다 만족하는 쪽으로 일정을 소화하자'는 전략을 구사했다. 이 같은 원칙은 고객들 전체에게 확대 적용했다.

2008년 6월 이 원칙 아래 'VVIP CEO 고객 초청 골프대회'를 처음으로 열었다. 청평 프리스틴밸리CC에서 열린 이 대회에 고객 35명을 초청해 경기를 한 뒤 시상식까지 무사히 마쳤다. 첫해에 참가비를 15만 원 받은 이후 그다음 해부터는 모든 경비를 내가 부담했다. 내가 챔피언이 된 후에는 2012년부터 1년에 최소 한 번은 1박 2일 행사로 대회를 열었고, 2013년에는 매월 개최했다.

고객과 소통하는 또 다른 행사로 2006년 시작한 뮤지컬 관람이 있다. 뮤지컬 초빙은 당시 MDRT 행사였는데, 내 고객들을 초빙하고 수익금을 기부하는 방식이었다. 그때 내 1호 VVIP 고객인 광인산업㈜ 김형주 회장님 부부를 비롯해 고객 몇 분을 초청해 세종문화회관에서 〈애니〉라는 뮤지컬을 함께 보았다. 김 회장님과 사모님은 지금도 그 뮤지컬의 감동을 잊지 못한다고 말씀하신다.

2008년 8월부터는 영화 관람 행사를 시작했다. VIP 영화관 한 관을 통째로 빌려서 함께 영화를 보고, 영화가 끝난 후 소감을 얘기하며 즐거운 시간을 함께했다.

3

끈기 있게 기다리다

고객과 소통하는 것은 내 미래와 소통하는 것이었고, 자연스럽게 더욱 많은 분과 소통하는 일이 되었다. 사람과 사람의 소통은 마음과 마음을 연결하는 교통이었다.

나는 2005년부터 양천 JC(국제청년회의소)에서 몇 년간 활동했다. 2006년에는 일본 시코쿠 가가와현 다카마쓰에서 열린 JC 아시아태평양대회에 통역관으로 참여해 대학 때 배운 일본어를 유용하게 쓰면서 다양한 사람과 교류했다.

2006년, 경기도 화성에서 자동차 부품 제조업을 하는 ㈜아주광학 최상관 회장님을 만난 것도 좋은 인연이 되었다. 그분이 사업을 일궈오는 과정에서 겪은 일들을 자세히 들으면서 많은 것을 배웠으며, 인생을

길게 보는 안목을 키울 수 있었다. 그런 시간을 보내며 나는 다음과 같은
교훈을 얻었다.

병원 신세를 지고 있던 2003년 9월 5일 내 보험계약자 1호가 된 셋째형이 2007년 5월 직장암 판정을 받았다. 보험업계에 입문한 후 고객이 암에 걸린 첫 사례가 바로 내 형이었다. 형은 그해 9월 삼성의료원에서 수술을 했고, 지금은 건강을 되찾았다. 치료 과정에서 보험 혜택을 톡톡히 보았으니 이 또한 불행 중 다행이었다.

그 무렵 대학원을 같이 다닌 국립의료원 수간호사 한 분도 위암 판정을 받았다. 외사촌 형님도 대장암이 폐암으로 전이돼 40대에 돌아가셨으니, 2007년에는 일가와 고객들의 아픔을 함께 나누어야 했다. 나는 그분들을 위해 최선을 다했다. 그것이 그 이전까지 이어온 진정한 소통을 더욱 의미 있게 하는 일이었다.

2008년 고려대학교 컴퓨터정보통신대학원 ICP 24기에서 만난 분들 중 ㈜골든포우 심진섭 회장님과 좋은 인연을 맺어 값진 계약까지 했고, 르네상스호텔에서 맞춤양복점을 하는 채정근 대표님과도 인연을 맺었다. 심 회장님은 건설 및 환경 관련 사업을 하시면서 고향인 경기도 화성에서 고구마를 경작하기도 하시는데, 해마다 가을이면 나는 가족과 같이 가서 고구마를 캔다. 채 대표님과의 인연은, 이후 내가 VVIP 고객들에게

그분 양복점의 고급 양복을 선물하는 일로 이어졌다. 서울제일로터리클럽 회장으로 있던 신풍PI㈜ 기세만 회장님과 인연을 맺으면서 2012년 로터리에 입회했다. 계속해서 경기도 화성에서 자동차 부품업을 하는 ㈜아이피엔 이성은 대표님과 ㈜HKI스틸의 박상수 대표님, 최영룡 변호사님, 치과의사 최병기 원장님 등 좋은 분들과 인연을 맺었다.

MBC 라디오 '강석·김혜영의 싱글벙글 쇼'를 진행하는 김혜영 누나는 2008년에 만나 지금도 친하게 지내는 사이다. 김혜영 누나와 친해지고 나서 2009년에는 순천향대학교 건강과학 CEO과정을 들으며 싱글벙글 쇼를 같이 진행하는 강석 형님도 만나게 되었다. 이후 강석 형님과는 CEO과정을 추가로 세 군데 더 함께 다니면서 더욱더 가까워졌는데, VVIP 고객 골프대회에 많은 연예인과 함께 단골로 오시어 웃음을 선사해주시는 참 좋은 형님이시다. 특히 순천향대학교 건강과학 CEO과정에서는 건강에 관심이 있는 사람들과 만나 보험에 관해 공감대를 형성하며 좋은 인연을 쌓을 수 있었다. 그 가운데 ㈜유신테크 김용근 대표님은 누나가 보험업계에 있는데도 내게 컨설팅을 받으면서 인연을 맺어준 고마운 분이시다.

2009년 처음 만나 3년 동안 컨설팅과 자문을 해준 끝에 2012년 계약을 맺은 ㈜베스텍 장세용 회장님도 내겐 아주 소중한 분이시다. 내가 컨설팅과 자문을 하면서 계약할 때 1차로 세무사에게, 2차로 회계사에게, 3차로 재무담당이사에게, 최종 4차로 장 회장님에게 검증을 받았다. 그렇게 1 대 4의 프레젠테이션 자리에서 질의응답을 한 뒤 장 회장님은 서슴없이 법인에서 월납 1,600만 원짜리 종신보험을 계약했다.

나는 철저하게 분석하고 판단함으로써 네 차례에 걸친 테스트를 통과했다. 그렇게 까다롭게 계약을 했다는 사실이 섭섭하기는커녕 오히려 감사했다. 그래야 나에 대한 신뢰도 더 커지고 이후 계약도 장기화될 수 있기 때문이다. 이렇듯 CEO들은 친하다고 해서, 사람이 좋다고 해서 그냥 계약하지는 않는다. 반드시 자신에게 필요하다고 판단되어야 계약한다.

실제로 장 회장님은 2년이 지난 뒤 추가 계약을 했다. 그리고 2013년 2년 연속 'FC CHAMPION'이 되었을 때 홍콩·마카오 컨벤션 트립에 사모님과 함께 모시고 가게 되어 우리 가족과 기억에 남는 투어를 하기도 했다.

🔑 묵묵히 기다려야 한다

2009년에는 고려대학교 컴퓨터정보통신대학원 ICP 총교우회에서 정진회계법인 전이현 대표회계사님을 만나 컨설팅 자문을 해주었다. 전 회계사님은 2014년 3년 연속 'FC CHAMPION' 컨벤션 트립 때 코타키나발루 투어에 모시고 갔는데 나하고는 형님·동생으로 매우 친하게 지내면서 서로 비즈니스에 자문도 해주면서 앞으로 평생을 함께할 참 좋은 형님이시다.

2010년에는 동국대학교 문화예술 CEO과정 1기를 수료했는데, 여기서 만난 소중한 분들이 한난엔지니어링㈜ 신동호 회장님, MBC 김세용 국장님, ㈜씨엠엔텍 제성호 회장님, 이재각 준장님, 이태종 판사님, 김영천 수협 본부장님, 남기봉 회계사님, 홍모니카 회장님, 한인선 원장님, 신영숙 대표님 등이다. 신동호 회장님은 첫해에 월납 400만 원 계약을 한 뒤 다음 연도에 추가 계약을 했고, 지금은 법인에서 월납 3,000만원이 넘는 금액을 납입하고 있다. 좋은 사람들과의 인연이 소중하다고 생각해 한때는 총무도 맡아서 모임을 지속적으로 유지하기 위한 노력을 기울였다. 그분들은 계약을 떠나서 내 인생의 스승이다.

2007년에 고려대학교 공학대학원 도시개발 CEO과정 4기에서 만난 ㈜정우이엔씨 이종협 회장님은 인품이 매우 좋은 분이시라, CEO과정 관련 모임은 물론 그 과정이 없어졌는데도 4년 동안 꾸준히 찾아가 관리해주었다. 이 회장님은 법인에서 2010년 12월 월납 1,010만 원짜리 연금보험을 계약한 데 이어 2011년에 400만 원을 증액했다.

이 만남은 다음과 같은 교훈을 더욱 확고하게 해주었다.

모임이 어떻게 되든 좋은 분이라면 관계를 끊지 말고 계속 연락하면서 찾아뵈어야 한다.
한 번 계약했으니 끝났다고 생각하지 말고 지속적인 관리와 자문을 해야 한다.

어떤 CEO과정에서 만나는 사람이든, 한 학기 동안 사귀어보면 됨됨이가 어떤지 파악된다. 그렇기에 좋은 사람이라고 판단되면 지속적으로 관계를 유지하고 좋은 인맥을 만들어가다 보면 언젠가는 그분들도 나의 성실한 모습을 평가해주는 것 같다. 특히 내가 성심을 다해 컨설팅을 하면 마음을 열고 고객이 되었다. 그래서 나는 이런 생각을 하게 되었다.

107

🔑 '가망 고객'은 발굴하는 것이다

그동안 열심히 뛰었지만 아쉬움도 없지는 않다. CEO과정에서 사무총장과 총무를 하고 봉사도 하면서 친분이 쌓이면 컨설팅을 하려고 찾아간다. 내가 볼 때는 분명히 컨설팅이 필요한 분인데도 아예 들으려고 하지 않는 경우가 있다. 그렇게 무작정 피하는 모습을 보면서 상처도 적지 않게 받았다.

2008년에는 멤버들도 좋았고 관계도 많이 쌓았는데 나와 좋은 인연으로 계약을 그리 많이 하지는 못했다. 고려대학교 컴퓨터정보통신대학원 ICP과정과 순천향대학교 건강과학 CEO과정 120여 명 가운데 10% 정도밖에 계약하지 못한 것이다. 내가 고객을 많이 소개해주고 매출을 올려준 기업이나 병원일 경우 그 아쉬움은 더욱 컸다. 상대방이 '보험영업하려고 귀찮게 하는 사람'이라는 선입견을 가지고 있었기 때문이다. 하지만 나는 좌절하지 않고 이런 생각을 했다.

이런 생각으로 만남을 이어가자 고객이 아니라 좋은 관계로만 유지되는 사람들이 많아졌다. 시간이 지나면 어느 순간 마음의 문과 말문이 열릴 테니 나와 컨설팅으로 인연을 맺을 수 있는 잠재적인 고객이라고 생각했다. 그 기간이 5년이든 7년이든 10년이든 좋은 사람은 언젠가는 나를 찾게 되어 있다는 신념을 가지고 계속 기다리고자 했다.

그렇지만 그만큼 노력해야 하고, 꾸준히 찾아가서 남다른 컨설팅 능력을 보여줘야 한다. '이저 ING생명의 정인택을 만나봐야겠구나' 하는 생각이 들도록 스스로 변화하고 노력하고 더 열심히 공부해서 진일보

된 컨설팅 내용을 가지고 다가서야 한다. 매번 똑같은 것만 가져가면 안 되기에 늘 업그레이드된 모습을 보여줘야 하는 것이다.

내가 늘 긍정적으로 생각하고 자신감을 가질 수 있었던 것은 다음과 같은 확고한 생각이 밑바탕에 있었기 때문이다.

이렇게 생각하고 2~3개월에 한 번 그분이 있는 곳 가까이 가면 잠깐 들르거나 전화하는 전략을 구사했다. 그냥 잊히지 않을 정도로 얼굴을 보여주고 관심을 끄는 것이다. '지금 당장의 계약보다는 먼 미래를 보고 투자한다'는 생각으로 인연의 끈을 놓지 않았다.

누구를 만나더라도 100% 만족할 수 있는 고객으로 만들기는 어렵다고 보고, 누구에게나 거절과 회피를 당할 수 있다고 생각해야 한다. 다른 FC에게도 언제든지 일어날 수 있는 일이니까 크게 상처받지 말고, 그럴 때일수록 더 길게 봐야 한다. '지금 당장은 아니더라도 앞으로 몇 년 후 남다른 인연을 맺을 수 있다'는 믿음과 신념을 가지고 더 끊임없이 노력해야 한다.

그런 마음으로 새로운 사람을 끊임없이 만나야 한다. 그리하여 새로운 '가망 고객'을 계속 발굴해야 한다. 처음 이 일을 시작하면서 주저

없이 1,000명이 넘는 '가망 고객' 명단을 제출했을 때는 이런 사실을 알지 못했다.

이런 사실을 깨닫고서야 기존 고객들에게 새로운 인맥 네트워크를 소개받기 위한 시도와 느력을 했다. 여기에 새로운 사람들이 있는 모임에 투자하고 합류하는 노력을 병행했다. 그리고 비로소 2006년부터 뮤지컬·영화·골프 등에 언젠가 고객이 될 '가망 고객'들까지 계속 초빙했다. 내가 여는 행사에서는 기존 고객들, 새로운 고객들, 가망 고객들이 함께 어우러지는 것이다.

이런 자리에서 소통의 장을 마련하다 보면 새로운 그룹이 해마다 만들어진다. 이 소통의 장은 기존 고객들만을 위한 것이 아니라 '열려 있는 소통의 장'이다. 인맥이 자산이고 사람이 더 큰 자산이니, 그걸 넓히거나 확대할 방법이 있다면 시간과 노력과 비용을 과감히 투자해야 한다.

🔍 세 사람이 길을 가면 그중에 스승이 있다

2007년 CEO과정에서 쌓은 경험을 바탕으로 2008년에는 CEO과정의 진정한 모습을 경험했다. 사무총장이나 총무를 맡은 모임은 사명감과 스명을 다해 중점적으로 신경 쓰고, 뮤지컬, 영화, 골프, 해외투어 등 다양한 연중행사를 기획했다. 원래 고려대학교 컴퓨터정보통신대학원 ICP 24기 사무총장 임기가 2년인데 내리 세 번까지 연임해 장장 5년 동안 그 일을 맡았다. 정이 넘치는 사람들이 많은 좋은 모임이었고, 어느 대학원 모임보다도 애정이 끈끈했으며, 꾸준히 친분을 쌓은 사람들이 가장 많은 모임이기도 했다.

CEO과정에서 만난 사람들 중 내 고객이 된 이들은 10~20%다. 한 과정의 전체 인원이 40~50명이니까 그중 4~10명 정도가 고객이 된 셈이다. '사람에게 투자한다'는 생각을 하기에 좋은 인맥을 만들기 위해 묵묵히 시간과 비용과 노력을 투자했다. 그 과정에서 이런 생각이 더욱 굳어졌다.

처음부터 타고난 사람은 없다.
어떤 비즈니스를 하더라도 본인의 노력과 열정, 도전이 성공을 좌우한다.

여기에 더하여, 사람과 만나는 일에 감사하고 그 일을 행복으로 여겨야 한다. 나는 평범한 회사원 생활도 몇 년 경험했고, 벤처기업도 운영했고, 한국능률협회 강의도 1년 정도 했고, 대학교 연구조교로도 있었지만, 가장 행복한 일은 서른네 살에 시작한 지금의 FC 일이다. 이렇게 말하면 누군가는 "그거야 성공도 하고 돈도 많이 벌었으니까 그렇지"라고 비아냥거릴지도 모른다.

하지만 단언컨대, 나는 성공이나 돈과 상관없이 지금까지 만난 다양한 업종의 많은 사람이 있어서 행복하다. 지금 이 일을 하지 않았으면,

그래서 다른 사업을 했거나 평범한 샐러리맨에 머물렀으면 내가 무슨 재주로 그런 소중한 사람들을 만났겠는가.

'三人行(삼인행)이면 必有師(필유사)'라는 말이 있다. "세 사람이 길을 가면 그중 반드시 스승이 한 명 있다"는 뜻이다. 사람을 만나면 항상 그 사람의 경험이나 인생사를 통해 배우는 것이 있다. 그런 스승을 나는 수천 명 만나왔다. 나는 FC라는 직업을 통해서 제2의 인생을 시작한 것이나 다름없다.

고객이든 아니든, 당신이 만나는 사람들 상당수가 당신 인생에 도움을 줄 스승이다.

다른 직업에 종사하는 사람보다 그런 스승을 만날 기회가 더 많다는 사실에 감사하라.

PART 4

내 인생을 설계하라

자신에게 투자하고
자신이 만나는 고객들에게도 투자해야 한다.
결국 사람에게 투자해야 한다.
이것이 롱런할 수 있는 비결이다.

우연이 필연으로 이어지다

🔑 '관리'할 고객은 없고 '소통'할 고객은 있다

앞서 여러 번 강조했듯이, 오늘의 내가 있기까지 가장 중요한 에너지로 작용한 것이 바로 '소통'이다. 별반 잘난 것도 없고, 외모도 그저 그렇고, 재주도 없는 내가 조금이나마 '다른 사람과 다른 점'이 있다면, 그것은 바로 사람들과 적극적으로 관계를 맺고 능동적으로 소통한 일이다.

내 소통 방법의 기반은 적극적인 성격에 있다. 영어도 그리 유창하게 잘 못하는 내가 해외에 나가서도 리더 역할을 하고, 지나가는 외국인에게 먼저 다가가 우리 일행을 소개하고 함께 사진을 찍자며 소통을 시도한다. 그래서 해외여행을 깊이 다닌 지금, 나라별로 현지인과 찍은 사진이 남아 있다. 그리고 그중 많은 외국인과는 지금도 전화나 이메일을 주고받는다.

FC들은 물론 일반 기업체 직원들 사이에도 고객을 '관리'한다고 해서 '고객관리'라는 말이 일반적으로 쓰인다. 개념은 비슷할지 몰라도, 성격이 적극적인 나는 고객을 '관리'하지 않고 고객과 '소통'한다고 생각한다.

고객의 협력업체나 동종업계에 있는 분을 소개받으려고 노력하는 것은 다른 FC도 마찬가지다. 많은 시간을 투자하여 소개를 받고 나면, 내가 어떤 사람인지 보여주려고 함께 식사나 운동을 하며 대화하는 것도 다를 바 없다. 그렇지만 내가 가진 능력을 보여주고, 그분이 핵심적인 질문을 했을 때 그 자리에서 바로 그에 맞는 솔루션을 제시할 수 있는가 그렇지 않은가는 사람마다 차이가 있다.

마지막에 '남과 다른 나'가 되기 위해서 평소에 나는 더 많이 공부했고, 그것이 내가 가진 아주 유용한 무기가 되었다. 핵심적인 질문을 받았을 때 그 자리에서 바로 그에 맞는 솔루션을 줄 수 있으면 상대방에게서 신뢰를 얻게 되기 때문이다.

동료들을 보니 일단 계약하고 나면 특별한 일이나 호출이 없을 때는 만나러 가거나 연락하지 않는 경우가 많다. 설사 한 번씩 안부를 묻는다 하더라도 '연락을 위한 연락'이라면 그것은 '관리'다.

나는 먼저 CEO들을 그룹으로 나눈다. 그 기준은 '더 중요하거나 덜 중요한 고객'이 아니라 '사전에 선제적으로 컨설팅이 필요한 고객인가 상대적으로 덜 필요한 고객인가'이다. 물론 나도 실적을 더 올리고 싶은 마음이 있으니 계약금액이나 인맥풀이나 영향력 등을 전혀 고려하지 않을 수 없다. 하지만 분명한 것은, 소중한 고객들이 어떤 리스크에도 적절히 대응할 수 있도록 할 의무가 내게 있다는 점이다. 계약금액이 적고 인맥풀이나 영향력이 크지 않더라도, 언젠가는 내가 필요할 것이라는 판단이 서면 부르거나 부르지 않거나 내가 먼저 정기적으로 도움을 주려그 한다. 나는 그것을 '소통'이라고 하고 싶다.

🔑 '정인택 사단'이라 불리는 사람들

나는 CEO들을 A, B, C 그룹으로 나누어 다음과 같이 소통하고 있다.

A그룹은 미리 만날 날짜를 잡고 가는 경우가 많다. B그룹이나 C그룹에 해당하는 분들은 미리 미팅 날짜를 잡지 않고 인근 지역에 가게 되면 들른다. 그러면 50~70%는 자리에 있고 나머지는 출타 중인데, 자리에 없다고 해도 그냥 나오지 않고 현재 트렌트에 맞는 자료나 책 한 권을 가볍게 전달해주고 온다. 그리고 방문했다는 말과 두고 온 관련 자료를

참고하라는 말을 문자로 남긴다.

만약 자리에 있으면 회사와 관련된 변동 사항을 물어보고, 내가 하는 일에 대해서도 변화된 점이나 다른 정보가 있으면 한 가지씩 팁을 주고 온다. 그리고 '주변의 사업하는 분들과 함께 어울리는 시간을 갖자'고 권유하며 소규모 모임을 주관한다. 같은 업종에 있는 사람이나 친한 사업자들이 있으면 소개도 받을 겸해서 날짜를 상의하고, '원하는 날짜를 알려주면 거기에 맞추겠다'고 말한다. 그러면 거의 절반 정도는 그렇게 해준다.

가끔 자신은 A그룹이라고 생각했는데 내가 B그룹이나 C그룹으로 판단해 자주 찾아가지 않아서 서운하게 생각하는 분들도 있다. 그래서 A그룹 중심으로만 방문하지 않고, 횟수나 시기를 약간 달리하더라도 내가 할 수 있는 범위에서 B그룹이나 C그룹에 해당하는 분들을 적극 찾아간다.

이와 별도로 존경할 만한 고객이라면 '갑과 을'의 관계나 계약관계를 떠나서 '형님과 동생 관계'로 다가간다. 다행히 진정한 마음을 읽어주어 고객의 99% 이상을 나는 회장님이나 사장님이라는 직함 대신 형님이나 누나라는 편한 호칭으로 부른다.

남들에게는 그런 점이 매우 특이하게 보이는 듯하다. 2013년 상반기와 하반기를 거쳐 2014년 상반기와 하반기, 2015년 상반기까지 다섯 번에 걸쳐 ING생명 본사 임원진을 내가 주최하는 VVIP CEO 고객 초청 골프대회에 초청했는데, 그분들이 내 고객들을 보며 이런 말씀을 하셨다.

"이분들은 '정인택 고객'이 아니라 '정인택 사단'이다."

　지금 내가 '관리'하는 것이 아니라 '소통'하는 CEO들은 대략 1,000명이 조금 넘는다. 내 소중한 필수품인 'CEO 노트'는 물론 내 사무실 책상 위는 CEO 회사에 관한 파일, 만난 사람과 만나야 할 기업들 명단, 만나야 하는 시간, 고객과 고객 가족의 기념일, 회차별 면담 파일, 기업 현황 및 정보, 컨설팅 요청 자료 등으로 가득 차 있다. 임원진의 표현을 빌리면 그건 '정인택 사단'의 모든 정보다.

🔑 필연은 소통에서 비롯한다

고려대학교 생명환경과학대학원은 사정이 있어서 중도에 학업을 그만두었지만, 그때 친해진 형님 한 분이 중앙아시아 키르키즈스탄에서 감자

사업을 하고 있었다. 그런 인연으로 그 나라에서 각자 사업과 연계할 것이 있는지 알아보려고 회계사, 전기 및 통신, 물류업, 병원 등을 하는 고객들과 고객은 아니지만 알고 지내는 분들과 함께 2010년 8월 현지로 견학을 갔다. 중앙아시아가 물류거점이고 때마침 한류 열풍이 불고 있는 지역이라는 점도 견학을 간 이유 중 하나였다.

이 여행에서 나는 또 한 번 중요한 기회를 얻었다. 나는 그동안 단일계약으로 10억 원 이상의 보장자산 계약 실적을 올린 적이 없다. 처음에 5억 원이었다가 몇 년 뒤 추가로 증액한 경우만 있었다. 그런데 함께 키르키즈스탄을 방문했던 ㈜하모니씨앤씨 박과희 대표님이 여행 직후인 2010년 9월 법인에서 10억 원짜리 종신보험을 계약했다. 10년 납으로, 월 보험료만 550만 원이었다.

이 계약을 계기로 자신감이 생긴 나는 그때부터 연금보험에 초점을 맞추어왔던 과거와 달리 종신보험에 초점을 맞추게 되었다. 그렇게 방향을 전환한 나는 2010년에 기반을 다진 후 법인 CEO분들의 가업승계 및 상속세 재원 마련에 초점을 맞추게 되었고, 이듬해부터인 2011년 영업에서 2015년 영업까지 ING생명 5년 연속 'FC CHAMPION'(회사 전체 영업실적 1위)을 수상하게 되었다.

내가 보장자산 컨설팅에 더욱 적극적으로 나설 수 있었던 것은 컨설팅 방향을 기존의 퇴직금 플랜 중심에서 가업승계 및 평생 은퇴 없는 CEO 현역 컨설팅, 상속세 재원, 법인 유동자금 확보, CEO 리스크 같은 부분으로 전환했기 때문이다. 그 결과 안전하게 자녀들에게 회사를 가업으로 승계해줄 상속세 재원 마련 같은 보장자산 위주의 컨설팅으로 접근하기 시작했던 것이다.

그것은 내 보험인생에서 또 한 번 큰 전환점이 되었다. 2010년 하반기부터 법인의 메인 컨설팅을 상속세 재원 마련 위주의 보장자산으로 콘셉트를 바꾸면서 'FC CHAMPION'의 시작과 'TOT Top of the Table' 인생이 시작된 것이다.

고려대학교 생명환경과학대학원 CEO과정을 다니며 맺은 인연이 내 보험영업 방향을 완전히 바꾸는 계기가 되었으니, 인연이 필연이 될 셈이다.

🔑 실패를 두려워하지 않는다

2012년 3월 처음으로 'FC CHAMPION' 수상을 했을 때 VVIP CEO 고객 골프대회를 태백의 오루리조트에서 1박 2일 동안 개최했는데, 고영득 형님의 소개로 다산팩㈜ 윤평옥 대표님과 김진희 전무님 부부를 운명적으로 만났다. 두 분과 인연이 될 거라는 확신보다는 구체적인 사업 내용이 궁금하기도 하여 태백 골프대회에서 돌아온 후 3주 정도 지나 연락을 했다. 그런데 뜻밖에도 김 전무님께서는 이런 말씀을 하셨다.

"왜 이제야 연락했습니까? 계속 연락이 오기를 기다렸는데 말입니다."

반가운 마음에 곧바로 달려갔더니 여러 보험사에 가입한 보험증권을 보여주었다. 이미 많은 보험을 계약하고 있었다. 나는 우선 기존 보험 가입한 것에 대해 잘 유지하시라고 말씀드렸다. 그 대신 법인 정관과 주주명부 같은 서류를 검토한 뒤 자세하게 컨설팅을 했다.

그리고 다음과 같이 말했다.

"무조건 보험부터 가입하실 것이 아니라 컨설팅이 먼저 필요합니다."

윤평옥 대표님과 김진희 전무님이 함께 경영하는 다산팩㈜는 특수비닐 제조업체였다. 을지로 방산시장에서 식품이나 종합비닐 등을 제조하는 회사는 규모가 꽤 컸는데도 컨설팅다운 컨설팅을 받은 적이 없었다. 특히 회사 정관을 살펴보니 법인 CEO 및 임원에 대한 보상플랜이 없는 상태에서 김 전무님 부친 이름으로 된 차명주식이 40%나 있었다.

또한 윤 대표님 이름으로 된 주식도 60%나 있었는데, 나는 우선 차명주식에 대해 명의 환원을 하고 주식을 배우자와 자녀들에게 일정 부분 분산하는 전략을 말씀드렸다. 만약 명의신탁 상태에서 주식 가치가 높아졌을 때 상속이 발생한다면 차명주식의 주식 가치 상승에 따른 상속세 부담이 생기기 때문에 우선 명의신탁 주식에 대해 회사 주식 가치를 몇 년에 걸쳐서 단계별로 조정한 후 양도해서 가져올 것을 권장했다. 법인 정관도 부족한 부분을 보완하여 향후 부부가 은퇴한 뒤에도 두 자녀에게 가업승계를 원활히 할 수 있도록 세부사항을 다듬어드렸다.

　몇 년 후 결국 윤 대표님의 퇴직금을 중간정산해 회사 주식 가치를 떨어뜨린 다음 김 전무님 부친 명의의 차명주식을 두 자녀와 김 전무님 명의로 전환하게 되었다.

　이에 따라 나는 회사가 장기적으로 성장하고 주식 가치가 상승한 후 상속세와 관련된 재원들을 회사 차원에서 어떻게 준비해야 하는지 구체적으로 제시했다. 그리고 두 분이 외국으로 가족여행을 떠나 있는 일주일 동안 정관 변경 내용 등을 준비했고, 귀국 즉시 다시 미팅을 했다. 나는 그 자리에서 엄청난 제안을 했다.

　"두 분께 각각 보장자산이 50억 원씩 필요합니다."

　그동안 들고 있던 사망보험 등 보험금액이 많아야 총 5억 원 정도였으니 파격적이고 놀라운 제안이었다. 거절할 개연성이 컸지만 꼭 필요하다는 확신이 있었기에 각각 50억 원짜리 보장자산, 법인에서 월 보험료 3,000만 원이라는 제안을 당당히 할 수 있었다.

　놀라운 것은 그 자리에서 두 분이 바로 내 제안을 흔쾌히 수용했다는 것이다. 그리하여 나는 내 보험인생은 물론이고 대한민국 역사에도 유례가 없는 부부 종신보험 합산 100억 원짜리 계약을 법인으로 체결했다. 태백 골프대회를 통해 처음 만난 지 3주 후 회사로 찾아가 인사를 하고, 이후 두 번 컨설팅 만에 맺은 초고액계약이었다. 당초 단일계약으로 각각 100억 원짜리 종신보험계약을 하려고 했지만, 결국 부족한 부분에 대해서는 회사를 더 키우고 난 다음 진행하는 것으로 방향을 제시하게 되었다. 그러니까 각각 50억 원짜리 계약을 한 것이지만, 부부 합산 100억 원짜리 계약은 회사 내에서는 물론 보험업계 전체에서도 거의 사례를 찾기가 어려울 정도로 보장자산 규모가 큰 계약이었다.

나는 원래 처음부터 큰 금액으로 보험계약을 하자는 고객이 있으면 오히려 내 쪽에서 '규모와 필요에 맞는 금액으로 계약하자'고 권유한다. 하지만 윤 대표님과 김 전무님에게 처음부터 100억 원이라는 금액을 제시한 것은 그 금액이 꼭 필요한 수준이라는 분명하고도 확고한 신념이 있었기 때문이다. 그 금액이 부담스러워 계약이 성사되지 않을 수도 있었지만, 그렇다고 '고객에게 꼭 필요한 정도'가 아니라 그저 '당장 계약을 맺을 수 있는 적당한 금액'을 제시할 수는 없었다. 그건 고객을 속이는 일이기 때문이다.

두 분은 그 확신을 읽으셨다. 그리고 확신이 마음을 열자 내 보험 역사를 새로 쓸 만큼 큰 선물이 내게 안겨졌다. 그리고 지금은 윤 대표님이나 김 전무님 모두 내게 둘도 없는 형님과 누나가 되어주셨고, 항상 나를 열정적으로 응원해주는 고마운 분들이시다. 또한 회사 핵심 임원인 김태윤 상무님도 소개하며 초창기에 계약할 수 있도록 많은 도움도 주셨다. 그 덕분에 김 상무님도 그 이후로 보험계약을 여러 건 하시면서 소중한 인연이 되었다.

고객 투자는 가장 안전하고 수익성 높은 투자다

🔑 내 소득은 고객이 내게 맡긴 돈

내 연봉이 얼마인지, 그 돈을 어떻게 쓰는지 궁금해 하는 분들이 더러 있다. 앞에서 말했듯이 최근 3년 동안 내 평균 연봉은 15억 원가량이다. 이렇게 말하면 한 달에 1억 원 이상은 순전히 개인적으로 쓸 수 있을 거라고 생각하는 사람들이 많은데, 실상은 그렇지 않다.

2015년의 경우, 종합소득세가 약 3억 원, 비서 급여 및 가족 생활비로 들어간 돈이 약 1억 5,000만 원, 30여 군데 기부한 기부금이 약 1억 5,000만 원이었다. 그러면 9억 원이 남는데, 이 가운데 절반이 조금 넘는 5억 원 정도는 대부분 고객관리에 썼다. 그러니까 순수하게 내 소득으로 남은 돈은 대략 4억 원이다.

고객에게 쓴 돈이 총소득의 절반이라고 하면 놀라는 사람들이 많

다. 하지만 나는 그 돈이 온전히 내가 번 돈이 아니라 고객들과 함께 번 돈이라고 생각한다. 그래서 그 정도를 고객에게 되돌려주는 것이 당연한 일이라고 여긴다. 한 번 고객이 되었으면 설사 계약 기간이 끝났더라도 영원한 내 고객이다. 보험계약이 만기가 되어 해약했더라도 그 이전과 같이 정기적으로 인사를 하고, 기존 고객과 마찬가지로 경조사를 챙기거나 때맞춰 선물을 보낸다.

나는 지금 고객들을 위한 작지만 아름다운 공간을 준비하고 있는데, 그 이름은 '힐링센터'다. 내가 주로 만나는 고객이 CEO들이다 보니 우선 그들을 위한 편안한 휴식처를 마련해주고 싶다. 그곳에는 가업승계와 관련된 토론을 하는 세미나실, 같은 사업을 하는 CEO들끼리 유대관계를 강화할 수 있는 문화활동 공간 등이 들어설 것이다. 도심에서 가까

운 곳에 그런 건물을 지은 뒤 고객들이 언제든 와서 자신에게 적합한 커뮤니티를 만들고, 가능하면 다양한 워크숍을 열게 하려고 한다. 서로 친분을 쌓기도 하고, 2세들에게 필요한 가업승계 강좌, 가족 파티장소로까지 사용할 수 있는 공간이 내가 준비하고 있는 '힐링센터'다.

FC의 돈은 결코 FC의 몫이 아니다. 고객의 이름을 빌려서 잠시 보관하고 있는 것이다. 그것을 어떻게 효과적으로 쓰고 운용하느냐에 따라 롱런이냐 아니냐가 결정된다.

2010년 처음 참석한 캐나다 밴쿠버 'MDRT 연차총회'는 내 보험인생에서 또 다른 생각을 하게 해주는 소중한 기회가 되었다. 참석자들 가운데는 30년 이상 MDRT, COT, TOT 멤버인 분들도 많았는데, 그런 분들을 보면서 '나도 저 나이가 되면 저런 모습으로 여기에 오겠구나'라고 생각했다.

연차총회 기간에 전 세계 사람들의 특성을 보면서 우리나라와 접목할 수 있는 보험이나 산업, 문화 등도 생각하게 되었다. 연차총회가 끝난 뒤에는 모임을 만들어 투어를 했다. 로키산맥 정상에 올라가 빙하수를 마시며 로키산의 정기를 받고 미래에 대해 새로운 구상을 한 것이 특히 좋았다. 2011년 9월 '로얄 라이언(명예이사)'을 달성한 뒤 그해부터 내리 5년 연속 FC Champion에 오른 것, 그리고 회사 내에서는 물론이고 보험업계에서도 거의 드물게 부부합산 보장자산 100억 원짜리 종신보험계약을 한 것도 어쩌면 그때 로키산맥의 정기 덕분인지 모르겠다.

챔피언을 달성한 첫해인 2011년은 내겐 잊을 수 없는 해였다. ING생명에서 챔피언을 선정할 때에는 통상적으로 컨벤션 Gold를 달성한 영업실적 5등까지를 대상으로 해서 당해 연도 1년 동안 보험계약에서 도덕적으로 문제가 있는 계약은 없는지, 장기적으로 회사에 기여할 수 있는 FC인지, 전체 계약의 금액·유지율·건수·민원 등에서 종합적으로 평가하고 심사하여 회사 대상선정위원회에서 최종 결정한다. 나는 보험업계에서도 까다롭기로 유명한 심사를 거쳐 2011년도 영업실적으

2010년 참석한 캐나다 밴쿠버 MDRT 연차총회는 나에게 재충전의 기회가 되었다.

연차총회가 끝난 뒤에는 모임을 만들어 투어를 했다. 로키산맥 정상에 올라가 빙하수를 마시며 산의 정기를 받고 미래에 대해 새로운 구상을 한 것이 좋았다.

로 2012년 ING CUP CONVENTION에서 처음으로 FC Champion이
되었다.

그리고 이때부터 2012년, 2013년, 2014년 그리고 2015년까지도
ING생명에서 영업실적과 모든 면에서 정성적인 평가와 심사를 거쳐 '5
년 연속 FC Champion'이라는 ING생명 역사상 경이로운 첫 기록을 달
성하게 되었고, 보험업계에서도 보기 드문 전무후무한 기록의 주인공이
되었다.

챔피언이 되기 전부터 스터디 모임을 여러 개 하고 있었는데, 챔피
언이 되고 나서 주변 사람들을 좀 더 보듬어야겠다는 생각을 했다. 특히
후배들을 위해서 좀 더 좋은 일을 많이 해야겠다고 결심했다. 그래서 시

작한 것이 스터디 그룹을 통해 내 경험과 지식을 나누는 일인데, 현재는 회사 내에서 3개 정도 스터기 모임을 하고 있다. 일부 친목 모임으로 하는 경우를 제외하고는 한 달에 한 번 정도 스터디를 하면서 좋은 경험을 서로 나누고 공유하는 시간을 보낸다.

우선 ING생명 내에서 '리더스클럽'이라는 이름으로 2005년 초창기에 10명으로 시작한 모임이 있는데, 지금은 FC 일을 그만두신 분들도 있고 다른 회사로 가신 분들도 있어서 분기별로 1회 정도 친목 모임으로 하고 있다. '한울타리'는 2006년 MDRT협회에서 함께 활동했던 ING생명 멤버들끼리 스터디를 만들어 시작하게 되었으며, 해마다 회비를 모아서 푸르메재단에 일정 금액을 기부하기도 하였다.

'로얄 스터디'는 2000년대 초·중반기에 ING생명에서 몇몇 선배가 스터디를 함께하면서 로얄 라이언을 달성하게 되어 '로얄 스터디'라는 이름으로 지식적인 것뿐만 아니라 영업현장에서의 다양한 사례를 공유하면서 로얄 라이언인 분들로 스터디가 이루어졌으며, 이례적으로 나는 당시 '로얄 라이언'이 아닌데도 최초로 스터디 멤버가 되었다. 아마도 회사 내에서 나의 법인컨설팅과 관련한 전문적 지식과 콘셉트, 컨설팅 능력을 선배들이 알아보고 초빙한 것 같다.

현재 로얄 스터디는 나를 포함해 최현수, 김강배, 정용활, 강신익, 최상원, 이성, 홍동식, 김용현, 오봉석, 남영미, 서윤경, 윤지현 등 총 13명의 동료 선후배와 함께하고 있다.

'크레센도'는 2010년 캐나다 밴쿠버 MDRT 연차총회를 마치고 나서 그해 6월에 바로 후배들을 위한 스터디 모임을 만들어야겠다고 구상

2015년에도 챔피언이 되어 '4년 연속 FC 챔피언'이라는 ING생명 역사상 첫 기록을 달성하게 되었다.

한 뒤 만들었으며, 스터디 회원들끼리 국내외 역사문화 유적 답사를 가기도 하였고, 지난 4월 초에는 전문 역사 해설가이신 교수님을 초빙하여 중국 시안으로 역사투어를 가족과 함께 다녀오기도 하였다.

크레센도는 스터디를 함께하면서 멤버 중 6명이 ING생명 최고의 영예인 '로얄 라이언'을 달성하기도 하였으며, 현재는 나를 포함하여 김대완, 김선미, 김영래, 김정호, 명효동, 서윤경, 소병국, 송유경, 신순득, 이선, 임정욱, 정윤정, 최문정, 최상묵, 최재갑, 함형우 등 총 17명이 함께하고 있다.

'ICCING Corporation Consulting Study'는 2013년에 2년 연속 FC Champion

이 된 후 그동안 영업현장에서 쌓아온 수많은 법인 전문 컨설팅 경험담과 전문적 지식을 후배들과 함께 나누고자 만든 법인 전문 컨설팅 스터디 모임으로, 한 달에 한 번씩 주로 법인컨설팅 위주로 스터디를 진행하는데, 주로 경력이 많지 않은 후배들을 위해 만든 모임이기도 하다. 그래서 스터디 멤버들도 회사에 내 강의를 들으러 왔다가 우연히 식사를 함께하면서 스터디 멤버가 된 경우도 있으며, 때로는 회사 내 각 지점에 강의하러 갔다가 지점장님께 추천을 받아서 회원이 된 경우, 썸머나 컨벤션에 가서 자연스럽게 합류한 경우, 그리고 자발적으로 나한테 연락을 해서 함께하게 된 경우 등 다양하다.

현재 스터디 멤버로는 나를 포함하여 김가민, 김성은, 김수란, 김윤정, 박영진, 박준기, 박태호, 오봉석, 은지선, 이선경, 이호영, 최승순, 허수창, 황미애 등 총 15명의 동료와 함께하고 있다.

🔑 롱런 비결은 사람에 대한 투자

2012년 처음으로 챔피언을 수상하기 전인 2011년 영업활동에서 후배들한테 도움을 주겠다는 마음으로 한여름 석 달 동안 매주 주말에 법인 전문 컨설팅 특강에서 내 지식과 경험을 나누고자 많은 시간을 투자하여 다양한 사례를 전파하는 나눔을 실천하였으며, 후배들에게도 'SMART 철학'을 통해 끊임없이 두드리고 노력할 것을 강조해왔는데, 그 내용은 다음과 같다.

스스로 노력하거나 준비도 하지 않고 짧은 기간에 뭔가를 얻으려는 사람이 많은데, 뭐든 시간이 필요하고 단계적으로 투자해야 한다는 것을 내 경험을 바탕으로 알리고 싶었다. 가끔 계약을 위해 후배들과 함께 조인 워킹을 가면, 친하다고 하여 그 자리에서 바로 무조건 계약하기를 원하는 후배들도 있다. 하지만 나는 결코 그런 섣부른 계약을 절대 하지 않는다.

그 사람의 상황을 들어보고, 거기에 맞는 솔루션을 제시하고, 컨설팅을 통해 접점을 찾아 컨설팅을 완성한 다음 계약해야 한다.

후배들이 급하게 서두르지 않고 때를 기다리며 차분하게 플랜을 진행해나가면서 계약하는 법을 배웠으면 한다. 말을 많이 하기보다는 상대방의 입을 열어 의견을 들을 수 있도록 유도하는 것이 무척 중요하다. 컨설팅을 하려면 무엇이든 속속들이 파악해야 한다. 기본적으로는 구체적으로 어떤 사업을 하는지, 주요 등기임원 및 주요 주주가 누구인지, 회사 재무제표는 어떤 상태인지 등의 정보를 찾아 파악한 다음 접

근해야 한다. 그런 기본적인 것조차 파악하지 않고 계약하기 바란다면 그건 일도 하지 않고 임금을 달라고 하는 것과 같다.

우선 나름대로 파악한 다음 모자라거나 궁금한 부분은 질의응답을 해서 답변을 유도하는 것이 기본적인 상담 기법이다. 그렇게 할 때 서로 벽이 허물어지고 깊은 속내도 나눌 수 있다. 남녀가 데이트할 때도 남자가 혼자서만 떠들면 여자가 속내를 얘기하겠는가.

사실 나도 초창기에는 계약만 바라보고 초조해한 적이 있다. Summer Trip도 있고, 두 달에 한 번씩 컨벤션도 맞춰야 하고, 월 마감도 있으니, 이런 것들을 맞추기 위해서 플랜을 좇다 보면 서두를 수밖에 없었다. 하지만 고객은 꼭 그걸 눈치챘다. 그러면 끝이다.

🔑 고난 극복, 고객 감동, 사회봉사

2006년 12월엔 팔자에도 없는 회사 광고 모델 경험을 처음 했다. 당시 ING생명에서는 업계에서는 최초로 FC들을 광고 모델로 기용하였는데, Senior Lion 이상 되는 FC 60명 정도가 다 함께 ING생명 대표로 광고 모델로 출연해 거의 모든 신문에 나온 것이다. 사실 보험사에서 FC들을 광고 모델로 등장시킨다는 건 상상도 할 수 없는 때였다. 대부분 유명 연예인이나 고객을 모델로 썼다. 그래서 ING생명의 광고는 FC를 모델로 한 첫 사례로 큰 관심을 끌었다.

그때부터 회사 내·외부 사보나 잡지 등에서 인터뷰를 요청해왔다. 처음에는 고사하다가 서서히 언론에 얼굴을 내밀었다. 그 또한 고객들을 비롯해 더 많은 사람과 소통하는 길이라고 생각했기 때문이다. 2006년 12월 〈위닝Winning〉이라는 사내 월간지의 '우수 FC 상담사례', 2008년 8월 13일 〈유비즈헤럴드〉 신문의 CEO 전문 자산관리 관련 노하우 인터뷰, 2008년 10월 〈월간 부동산과 금융〉의 CEO 플랜 관련 특집 기고 등이 그것이었다.

2009년에는 〈ING People〉과 인터뷰하면서 그동안 경험한 것을 동영상으로 공개했다. 그리고 전 세계 MDRT 회원들한테 2개월에 한 번씩 발행되는 잡지인 〈Round The Table〉이라는 잡지에 대한민국 회원 대표로 인터뷰를 했다. 전 세계 MDRT 회원들이 보는 잡지인데, 나는 법인 관련 가업승계와 CEO 컨설팅에 대해 인터뷰했다.

2009년 4월에는 생명보험협회 최초로 '모범 우수 인증 설계사'로 선정되는 영예도 얻었다. 우리나라 생명보험회사 22개 회원사 소속 전체 FC 30만 명 중에서 10명만이 선정되어 수상한 영광스러운 상인데, ING생명에서는 내가 유일하게 수상하게 되었다.

이 상을 받으려면 '고난 극복', '고객 감동', '사회봉사' 세 가지 키워드를 다 만족시켜야 한다. 나는 다음과 같은 내용으로 '모범우수인증설계사'로 선정되었다.

> ☑ **고난 극복** : 전신마취 수술을 두 번이나 할 만큼 몸을 다쳤는데도 그 고통을 이겨내고, FC로서 임무를 성실히 수행하면서 암에 걸린 친형으로 하여금 고난을 극복하도록 도와준 일
>
> ☑ **고객 감동** : 골프대회, 영화관람, 뮤지컬관람 등을 통해 고객들과 소통하는 자리를 지속적으로 만들어나간 일
>
> ☑ **사회봉사** : 오래전부터 꾸준히 전 세계 사회복지단체 및 불우한 이웃에게 기부를 해왔고 해마다 기부대상도 늘려왔던 일

이 밖에도 매년 끊임없는 학습을 통해 부동산경매사, IFP(종합자산관리사), 펀드투자상담사, 변액보험판매관리사, CHFC(종합금융투자자산관리사) 등의 자격증을 따고, 해마다 대학원의 최고경영자과정을 수료하며, 발전기금이나 후원금 등을 기부하면서 끊임없이 자기계발을 한 것도 이 영광스러운 상을 받는 데 도움이 되었다.

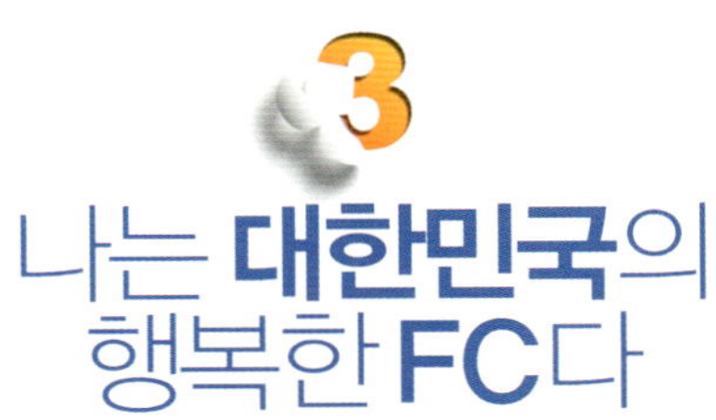

🔑 남과 나누는 일은 스스로 얻는 일이다

'내가 얻는 만큼 남에게 나누어야 한다'는 생각으로 산 것도 'FC'라는 직업이 나에게 준 선물이다. 교회에 나가는 동안 육상수 대표님, 정헌영 대표님, 황상규 집사님, 이경규 집사님, 김미남 집사님 등 잊을 수 없는 교인을 만났다. 그 가운데 김미남 집사님이 '그린회'를 통한 나눔과 봉사의 길을 도와주었다. '그린회'는 ㈜허시파피코리아 정윤수 회장님과 조병주 전무님께서 내 제안을 흔쾌히 받아들여 만들어진 봉사모임으로, 소외된 아이들을 후원할 때 김미남 집사님에게서 대상자를 추천받아 진행했다.

내가 소외된 이웃을 위해 해마다 기부하는 금액은 대략 1억 원~1억 5,000만 원 정도다. 여러 사람이나 단체의 추천을 받아 어려운 이웃을 돕거나 어렵다고 판단되는 불특정 개인들한테도 조건 없는 기부를 해왔으며, 처음에는 신문이나 방송에 나오는 공인된 사회복지 단체에 주로 기부를 했다. 그 뒤로는 장애인 시설이나 사회적으로 소외된 열악한 사회복지법인에 후원하거나 '그린회'를 통해 내가 직접 후원할 단체나 개인을 찾아 나섰다. 작고 이름 없는 단체일수록 사람들의 이목을 받지 못하고 후원금을 받기도 어려웠기 때문이다.

나는 해마다 더 많은 후원 대상을 지원하고 더 많은 액수를 후원하기 위해 애쓰고 있다. 언젠가는 후원하고 싶어도 할 수 없을 때가 올지도 모르니까 '후원할 수 있을 때 더 정성껏 후원하자'는 생각이다. 그렇게 생각하니까 더 열심히 일하게 되고 그만큼 성과도 더 생기니까 나눔이 결국 얻음이 되는 셈이다.

몇 년 전부터는 후원 대상을 국내뿐 아니라 해외에서도 찾고 있다. 우리나라는 6·26전쟁 후 세계 각국으로부터 후원을 받아 발전해왔으니 이제 '후원받는 나라'에서 '후원하는 나라'로 성숙해가야 한다. 국민소득이나 경제규모가 나라 발전의 기준이 되는 게 아니라, 그런 성숙한 모습이 진정한 나라 발전의 기준이 되어야 한다. 이런 생각에 해외아동 돕기 운동을 시작했고, 앞으로 더 많이 지원하려고 한다. 지금 나는 유니세프, 굿네이버스, 월드비전, 국경없는의사회 등을 통해 해외아동 후원을 해마다 늘려가고 있다.

또한 한국컴패션이라는 단체를 통해서 해외아동 돕기에 나섰다. 13년 전 후원을 하기 시작했는데 그때 탤런트 차인표·신애라 부부가 한국컴패션을 통해 해외아동을 후원하는 모습을 보고 무척 감동을 받았고,

즉시 후원을 결정했다. 2003년 ING생명에 입사하면서 처음 기부를 결정한 단체도 한국컴패션이다. 여기서는 후원자가 후원할 나라를 정하게 하는데, 나는 필리핀으로 정했다. 필리핀은 6·25전쟁 당시 16개 파병국 중 하나였지만 1970년대 이후 국력이 급격히 쇠락해 많은 어린이가 질병과 가난에 시달리고 있다. 나는 기왕이면 과거에 우리나라를 도왔던 나라를 후원하고 싶어서 필리핀으로 정했는데, 공교롭게도 후원 아동인 실라메 곤잘레스가 우리 아들과 동갑이었다. 후원하면서 한국컴패션이 하는 일에 대해 더 자세히 알 수 있었고, 그 취지에 감동받았다. 2013년에는 한국컴패션 일반인 홍보대사로 위촉되어 교육을 받은 뒤 더욱 적극적으로 활동하고 있다. 내가 개최하는 골프대회의 경우 예전에는 비용을 전혀 받지 않았는데, 2014년 하반기에는 좀 더 의미 있는 행사를 하고 싶어서 고객들한테도 자발적으로 십시일반 기부를 받아서 내가 내는 기부금하고 합해 1,000만 원 정도를 초록우산 어린이재단에 전액 기부하기도 했다.

나만 잘되면 곤란하다. 그건 아집이고 욕심이다. 나는 서울 성동고등학교 동창회장을 지난해까지 4년간 맡아왔다. 40대 중반인 우리 나이에는 아직 안정된 직장이나 사업장을 가진 이들이 많지 않다. 한창 그렇게 되려고 뛰어다니는 이들이 많다 보니 동창회장은 곧 돈을 쓰는 자리다. 모두들 그 자리를 고사하는 이유 중 하나도 거기에 있을 것이다. 그 자리를 4년 동안 해왔으니, 어쩌면 나도 참 미련한 사람이다.

동창회장이 되고부터 부모님 상을 당하는 동기들이 많아졌다. 나는 동창회 이름의 조기弔旗를 제작해 모든 동기에게 보냈다. 또 연말 송년회

형태로 1년에 한 번 했던 동창회 모임을 네 번으로 늘렸으며, 1차 식사 모임이 끝나면 2차 맥줏집 계산은 거의 항상 내가 부담하곤 했다. 그리고 더 많은 동창이 체육대회 같은 총동문회 모임에 나오도록 적극 권유하고, 동기들한테는 거의 알리지 않고 총동문회나 성동고장학재단, 송년회, 체육대회, 골프대회 때마다 다양하게 기부를 해왔다.

나는 매년 최소 두 번 정도는 VVIP CEO 고객을 200명 정도 초빙하여 소통하고 그분들에게 조금은 보답하는 의미로 전액을 지원하여 골프대회를 개최한다. 이러한 골프대회 행사에 들어가는 비용은 상당하지만 그래도 이런 행사를 통해 결국 내 인맥을 VVIP CEO 고객분들과 공유하기도 하면서 다양한 시너지를 창출하기도 한다.

🔑 가족과의 약속도 중요하다

FC 일이 시간을 딱 정해놓고 고객을 만나거나 일을 처리하는 것이 아니기 때문에 일에 집중하다 보면 상대적으로 가족, 특히 아이들에게 신경 쓸 시간이 많지 않다. 그래서 아이들 교육은 전적으로 아내가 신경을 쓰는데, 그런 부분에서 항상 아내에게 감사하게 생각한다. 내가 이 일에 전념할 수 있도록 아내가 협력하고 소리 소문 없이 조용하게 아이들을 잘 보살피며 교육을 했기에 부담 없이 비즈니스에 집중할 수 있었다.

아이들이 아주 어릴 때 어깨 때문에 병원 신세를 졌던 나는 아이들이 병원에 왔다 갔다 하던 모습이 지금도 생각난다. 그때 겨우 두세 살이었던 아이들에게 정말 미안했다. 그때 일을 보상하려는 건 아니지만, 나는 1년에 몇 번 정도는 같이 국내든 해외든 여행을 가면서 가족과 함께하는 시간을 일과 병행했다. 2006년 이후 우리 가족끼리 1년에 3회 이상 여행을 갔다. 얼마 전 아이들의 여권을 보고 그동안 해외여행을 30번 이상 했다는 걸 확인했다. 아이들이 대여섯 살일 때부터 해외에 데리고 갔더니, 남미와 아프리카만 빼고 안 가본 데가 없다고 했다. 여기에 더하여, 방학 때 오스트레일리아나 미국의 현지 학교에 들어가서 한 달 정도 현지 학생들과 어울리고 선진교육을 체험하는 기회도 갖도록 했다.

2013년 가족과 함께 참석한 홍콩 마카오 2년 연속 FC Champion 시상식에서 프롤로그 화면에 스티븐 스필버그 감독이 나왔다. 우리 아들 꿈이 영화감독인데, 초등학교 2학년 때 이미 혼자서 미국에 있는 유니버설스튜디오와 디즈니랜드를 다녀올 정도로 열정적이다. 그런데 마침 스필버그 감독이 아빠 챔피언 시상식 메인 영상 화면에 등장했으니, 아들에게 선물을 해준 것 같은 기분이 들었다. 아들은 늘 "스티븐 스필버그 감독을 뛰어넘는 최고의 영화감독이 되겠다"고 말하곤 했는데, 자기 우상인 명감독이 메인 영상에 나오니 얼마나 기뻤겠는가.

나는 4남 2녀 6남매 중 막내다. 중학교 때 서울로 유학을 오도록 해준 형님과 누나들은 물론이고 모든 가족에게 큰 빚을 지고 있다고 생각

2013년 가족 및 VVIP 고객과 함께 참석한 홍콩 마카오 ING 생명 2년 연속 FC Champion 시상식

한다. 사회생활을 처음 시작해서 월급을 받고 어머니, 아버지, 형님들과 형수님들에게 미국과 제주도 여행을 보내드린 것도 그 빚을 조금이라도 갚겠다는 마음에서였다. 나는 집안에서는 그래도 동생인 나보다는 형님들이 더 잘살기를 바라는 마음이 크다. 그래야 집안이 편안하고 어머니께서도 덜 걱정하시기 때문이다. 또한 남에게 기부하는 것도 중요하지만 피를 나눈 형제간에 어려운 일이 있을 때면 서로 돕고 사는 것이 당연하다고 생각해왔다. 큰형님이나 둘째형님께서 어려운 일이 있을 때면 주저하지 않고 도움을 드리려고 하는 것도 다 그러한 이유에서다.

특히 암 때문에 고생한 셋째형에게는 다른 형제들도 모르게 10년째 생활비를 보조해드리고 있다. 현재 작은누나가 모시고 있는 어머니를 위해서도 가족들이나 형제들 고르게 매월 생활비를 보조해드리고 있으며, 시골에서 홀로 계시는 장모님한테도 처가 쪽 식구들 모르게 결혼 후 16년 동안 줄곧 매월 생활비를 보내드리고 있다. 남에게 기부하는 마음과 마찬가지로, 내 주변 사람들이 어려울 때 나눔을 실천하는 일도 중요하다고 생각하기 때문이다.

여러 친구나 선후배들에게도 기회가 되면 금전적으로 도움을 주었는데, 어떤 경우에도 '돈을 빌려주었다'고 생각하지 않고 '그냥 도움을 주었다'고 생각했다. 다만 가족이건 친구건 선후배건 낯모르는 이웃이건, '오른손이 한 일을 왼손이 모르게 하라'는 말씀을 되새겼다. 그래서 결코 생색을 내거나 남에게 보이려고 나눔을 실천하지는 않았고, 앞으로도 그럴 것이다. 혹시 도움이 될까 하여 경험에서 나온 다음과 같은 원칙을 전하고 싶다.

당신 뒤에는 묵묵히 지원하는 든든한 후원자인 가족이 있다.
1년 중 최소 몇 차례는 함께 가까운 곳이라도 여행을 하고,
가족을 위한 시간을 고객과의 약속보다 더 중요한 일정으로 삼으라.

🔑 더 나은 내일을 설계하자

FC들은 보통 다른 회사는 물론이고 같은 회사 동료 FC들을 경쟁자로만 보는 경향이 있다. 남이 성과를 올리면 내가 개척해야 할 고객이 그만큼 줄어든다고 생각하기 때문이다. 하지만 나는 우리 회사는 물론 다른 회

사의 모든 FC가 성공을 거두었으면 좋겠다. 그것이 결국 보험에 대한 일반인의 인식을 바꾸어 시장 자체를 확대하는 길이라고 생각한다. 그래서 도움을 청하는 FC들이 있으면 주저하지 않고 달려가 도움을 주고, 그 FC가 계약에 성공한 후 잘 유지하면 흐뭇해한다.

인류가 존재하고 기업이 존재하는 한 FCFinancial Consultanting는 멈출 수 없으며, FCFinancial Consultant도 걸음을 멈출 수 없다. 그 길은 아주 멀리까지 이어져 있지만, 그 길을 끝까지 가보지도 못하고 길 밖으로 밀려나는 사람도 많다.

남들이 가지 않은 길, 즉 나름대로의 무기, 나름대로의 틈새시장, 나름대로의 경쟁력을 찾기 위해서 부단히 노력하는 길을 가지 않으면 누구라도 길 밖으로 밀려날 수 있다. 이 세상 모든 FC가 배움으로써 얻고, 나눔으로써 더 많이 얻으면 좋겠다. 그것이 세상 사람들이 함께 나눔을 실천하는 바이러스가 되었으면 좋겠다.

이런 꿈을 꾸며 더 나은 내일을 설계하는 사람이 진정한 챔피언이다. 그리고 이런 꿈을 꿀 수 있는 나는 행복한 대한민국 FC다.

법인컨설팅 실전사례

김 회장님은 친인척이 보험사에 근무하는데도
기존 일부 보험만 빼고 중요한 법인계약은 나와 맺었다.
기존 보험사와 오래전부터 계약관계를 유지 했지만,
법인 관련 컨설팅을 받아본 적이 없다그 했다.
내가 차후 상속세를 포함해 여러 가지 세금 문제 등을
컨설팅함으로써 그 빈자리를 메운 것이다.

고객과 맺은 아름다운 인연

🔑 고객에게 무엇이 필요한지 미리 정확히 파악했다

정보통신 관련 공사를 주로 하는 ㈜태영통신전설 김진기 대표님은 2006년 임실군향우회 모임에서 만났다. 처음 만나고 얼마 지나지 않아 회사를 방문해 종합적인 컨설팅을 진행하고자 했다. 마침 회사 사무실도 내가 다녔던 고등학교 바로 앞에 있어서, 처음 찾아가는 날 학교 다닐 때 추억이 새록새록 살아났다.

정보통신 공사의 특성상 건설과 관련이 있었으므로 그 특성에 맞게 체계적으로 컨설팅을 했다. 회사에는 아직 그 분야의 컨설팅 시스템이 정비되어 있지 않아서 처음부터 디테일하게 정관을 변경하고 오너 임원들에 대한 보상플랜으로 어떤 것들이 있는지 등을 자세히 설명했다. 회사 전체로 법인이 두세 개 있었는데, 그 법인의 정관을 모두 변경하고 며인 법인에 대해서는 별도 컨설팅을 진행했다. 초창기 컨설팅은 퇴직금 재원을 활용한 연금보험이나 변액연금 같은 순수 저축성상품을 중심으로 했고, 변액연금으로 퇴직금이나 기타 보상플랜 재원을 마련하는 데 중점을 두었다.

그 결과 2006년 월 500만 원짜리 법인계약으로 출발해 해마다 조금씩 증액을 해서 계약금액이 1,500만 원까지 늘어났다. 많은 FC가 한 번 계약하고 나면 '이제 볼일 끝났다'는 듯이 다시 찾아가는 일이 드물거나 나중에 변화된 그 회사 모습이나 추가 컨설팅의 필요성을 고려하지 않고 새로운 회사만 찾으려는 경향이 있다. 하지만 나는 정기적으로 방문해 재무구조의 변화를 인지하고 지속적으로 추가 계약을 제안해서 결국 1,500만 원까지 계약금액을 늘릴 수 있었다.

임실군향우회에서 평소 봉사활동을 포함해 다양한 활동을 계속해온 것이 이 계약을 성사시키는 데 큰 힘이 되었다. 고향이 같다는 이유 하나만으로 회원들을 위해 적극 봉사활동을 하다가 김 대표님과 인연을 맺을 수 있었고, 회사에 자주 가서 컨설팅이 필요하다는 점을 인지하도록 한 것이 계약의 밑거름이 되었다. 아울러 그동안 공부한 세법을 바탕으로 명의신탁 주식의 솔루션, 회사 정관 변경 플랜들, 오너로서 향후 법인에서 보상받아야 할 플랜들, 보험상품들과 세법의 접목 방안 등을 연구하고 제안한 것이 주효했다.

더구나 김 대표님은 친인척이 보험사에 근무하는데도 기존 일부 보험만 빼고 중요한 법인계약은 나와 맺었다. 기존 보험사와 오래전부터 계약 관계를 유지했지만, 법인 관련 컨설팅을 받아본 적이 없다고 했다.

내가 차후 상속세를 포함해 여러 가지 세금 문제 등을 컨설팅함으로써 그 빈자리를 메운 것이다.

🔑 목표를 세웠으니 문전박대도 각오했다

2006년에 만난 최상관 회장님이 경영하는 ㈜아주광학은 교재용 렌즈, 영상 조명용 렌즈, 자동차 광학기기 등을 제조하는 기업이다. 소개를 받아 처음 회사를 방문했을 때는 보험에 대해 거부감이 심했고, 보험이 불필요한 고정비 부담만 준다는 생각까지 하고 있었다. 그래서 보험사 사람은 아예 회사에 발을 들여놓지 못하게 하는 상황이었다.

어렵사리 회장님과 마주한 나는 회사 정관과 재무제표 분석 결과를 말했다. 회사는 자동차 부품 분야에서 탄탄하게 성장했는데, 성장에만 주력하다 보니 정관, 오너에 대한 보상플랜 등에 관해서는 매우 취약했다. 나는 향후 회사가 커졌을 때를 대비한 상속세 재원 마련, 법인에서 보상받는 플랜 등을 정관에 명시해야 한다고 설명하고, 재원 마련을 위한 보험이 필요하다는 점도 상세하게 컨설팅했다. 실제로 나중에 회사 주식 가치가 커진 상태에서 상속세를 내야 할 때 재원이 부족하면 회사 주식으로 충당할 수밖에 없었다. 나는 그동안의 경험을 통해 주식을 처분하면 순식간에 경영권이 흔들리거나 주식 가치가 떨어져 공매되는 일이 흔하다는 사실을 잘 알고 있었다.

보험을 불필요한 고정비로 생각하는 분인데다가 경기도 화성에 회사가 있어서 접근성도 떨어졌지만 나는 당장 필요한 부분들을 인지한 후 정말 자주 찾아갔다. 나중에 회장님은 이렇게 말했다.

"내가 사무실에서 보험회사 영업사원과 이렇게 긴 시간 상담한 건 당신이 처음이오."

하지만 내 설명을 들은 후에도 회장님은 100% 확신하지 않고 세무사인 친구분에게 별도로 상의했다. 결국 계약은 성사되었지만 100% 확신이 없는 까닭에 처음에 200만 원, 이후에 1,000만 원 식으로 증액하다가 최종적으로 1,200만 원 법인계약을 했다. 세무사 친구에게 물어봐도 내가 말한 부분이 정확하다는 답변을 들었기 때문이다.

🔑 욕심을 버리고 상도의를 지켰다

2008년에 만난 ㈜아이피엔 이성은 대표님은 경기도 화성에서 필터 관련 자동차 부품 제조업을 하는 분이다. 고려대학교 컴퓨터정보통신대학원 ICP 24기에서 처음 인연을 맺었는데, 그때 나는 사무총장을 맡아 나름대로 최선을 다해 일했다. 그런 한편으로 ㈜아이피엔에 대해 연구하다가 회사를 방문했더니 이 대표님은 "다른 보험영업사원이 와서 상담을 했다"고 말했다.

그러나 나는 실망하거나 포기하지 않고 어떤 상담을 했는지 물었고, 상담 내용이 일반적인 것들이었다는 사실을 즉각 알아차렸다. 정관변경 같은 중요한 부분은 역시 상담 내용에 없었다. 창업한 지 10년 만에 현대와 기아자동차 협력업체로 튼튼하게 성장했고, 오래전부터 한 보험사의 관리를 받아왔지만, 정관상으로 보상받을 수 있는 자세한 플랜들에 대한 컨설팅은 전혀 받지 못한 상태였다. 그러니까 단순한 보험상품으로만 관계를 맺어온 것이다.

나는 정관 등 자료를 요청해 철저히 분석한 뒤 회사에 필요한 내용을 정확히 설명했다. 그런 상담을 처음 한 대표님은 흔쾌히 관련 작업을 내게 위탁했고, 결국 법인계약을 맺었다.

나는 계약을 한 뒤 "기존 다른 보험사와의 계약도 잘 유지하라"고 말했고, 처음부터 한꺼번에 많은 금액을 계약하라고 권하지 않는다는 원칙도 지켰다. 전문적인 법인컨설팅은 아니더라도 이미 기존 보험사와 상당 금액을 계약하고 있었기 때문에, 앞으로 컨설팅을 하면서 추가 계약을 유도해야겠다고 생각했다. 만약 내가 욕심을 부려서 기존 계약을 해지하도록 유도하고 그 대신 나와 큰 금액으로 계약하자고 했으면 아무리 좋은 컨설팅을 해주었어도 나와 계약하지 않았을지 모른다. 회사 규모에 맞는 플랜들로 적정한 제안을 하다 보니 대표님도 부담 없이 인연을 맺어준 것이다.

지금 ㈜아이피엔은 착실하게 계속 성장하고 있다. 그럴수록 내가 컨설팅할 수 있는 영역도 넓어지고 추가 계약도 가능해질 것이다. 그러나 무엇보다 나와 인연을 맺은 회사가 날로 성장한다는 것이 나에겐 큰 기쁨이다.

🔑 고객을 스승으로 대했다

2008년에 고려대학교 컴퓨터정보통신대학원 ICP 24기에서 만난 심진섭 회장님은 ㈜골든포우, ㈜젠트로, ㈜지오콘, ㈜한서울 4개 기업체를 경영하면서 폐기물 매립장 설계 시공 및 건축용 플라스틱 제품 제조업을 했다. 경기도 화성이 고향이고, 그곳에 땅도 많이 소유하고 있다. 60대 중반인 심 회장님은 무척 진보적으로 사고하시는 분이다.

오랫동안 회사에서 근무하고 있는 전무님의 부인이 다른 보험회사에서 근무하고 있었고 다른 보험회사에 지인이 여럿 있었지만, 심 회장님이 기꺼이 내 컨설팅에 응해주었으니 감사하기 이를 데 없었다. 그런 만큼 나는 더욱 성실한 자세로 정확하게 컨설팅했고, 정관의 보상플랜 등에 대해 진지하게 설명했다. 컨설팅이 끝나자 전무님은 "이런 부분은 집사람의 영역이 아니다"라고 말했다. 심 회장님과 전무님은 또 이렇게 말해주었다.

"그동안 이런 부분에 대해 자세한 설명을 듣고 싶었는데, 듣고 나니 꼭 필요하다는 걸 알았습니다."

나는 이 회사와 월납 500만 원 법인계약을 했으며, 이후 추가로 250만 원을 증액했다. 심 회장님은 특이하게도 자제분들이나 친척들이 회사에 발을 들여놓는 걸 허락하지 않았다.

"나중에 회사 재산은 전부 임직원한테 돌려주거나 사회에 환원하겠다."

이것이 심 회장님의 기업가정신이다. 나 또한 그 뜻을 가슴에 새기고, 기부와 관련한 공익법인 설립 등에 대해 자문해주고 있다.

내가 구상하고 있는 '힐링센터'에 대해 설명하자 심 회장님은 "내가 추진하고 있는 용인의 리조트에 공간을 내줄 테니 거기다 힐링센터를 지어라"라고 했다. 무상으로 공간을 내주겠다는 것이 어디 쉬운 일인가.

나는 이런 심 회장님과 평생 인연을 이어갈 수 있기를 간절히 기원한다. 그분은 고객이기 이전에 평생의 스승이기 때문이다.

🔑 때로 과감한 변신과 도전이 필요했다

2010년에 인연을 맺은 ㈜하모니씨앤씨 박과희 대표님은 고려대학교 생명환경과학대학원에서 만났다. 앞서 말했듯이 중앙아시아 키르키즈스탄을 방문할 때 같이 갔다. 현지에서는 병원 개원, 물류 수출, 전기 건설 관련 사업 진출, 회계사 현황 등을 살펴보았고, 시간을 내어 드넓은 벌판에서 승마와 골프도 했다.

㈜하모니씨앤씨는 경기도 광주에서 전기공사와 정보통신공사를 하는 기업으로, 신재생에너지 사업으로도 사업 영역을 넓히고 있었다. 중앙아시아에 다녀온 뒤 박 대표님과 더욱 가까워진 나는 어느 날 경기도 광주 본사로 찾아갔다. 회사는 규모가 꽤 컸지만 법인컨설팅을 받아본 적이 없었고, 보험은 한두 건 가입해 있었다. 나는 정관과 재무제표를 검토한 후 박 대표님 처조카인 재무담당자를 먼저 고객으로 만들었다. 본인과 배우자의 종신보험과 연금보험계약을 한 그분은 정관 변경 같은 걸 어떻게 진행해야 하는지 설명해달라고 했다.

회사 규모나 대표자 자산 등을 살펴보니 그동안 주로 진행했던 퇴직금과 같은 재원 위주 컨설팅보다 상속세와 같은 재원 위주 컨설팅이 필요했다. 상속세와 관련된 재원을 충당하기 위해서 종신보험이 필요했는데, 적극적으로 컨설팅한 결과 내 보험인생 최초로 종신보험 단일계약으로 가입금액 10억 원짜리를 법인에서 월납 550만 원짜리 계약으로 하게 되었다. 계약에 앞서 키르키즈스탄에 함께 간 멤버 중 병원장을 하는 분이 박 대표님 건강검진을 했는데 회사에서 모두 통과되었다.

10억 원은 평생을 보장해주는 보험금이었다. 사망보험금 10억 원을 마련하는 과정에서 회사가 부담하는 보험료는 많아야 40% 정도니 실제로 4억 원을 내고 나중에 10억 원을 받는 것이었다.

이것이 상속세 재원과 관련한 첫 제안이자 결실이었다. 이때 내 보험영업도 큰 전환을 이루었는데, 이를 계기로 컨설팅 방향을 종신보험으로 전환했기 때문이다.

최근 박 대표님은 예전에 다른 보험회사에 계약했던 담당자가 다른 회사로 옮기면서 기존 보험을 해지한 후 자신이 옮긴 회사의 동일한 상품으로 재계약하기를 원한다고 했다. 박 대표님은 "같은 보험상품인데 왜 해약하고 다시 계약하자고 하는지 모르겠다"라고 물었고, 나는 기존 보험상품을 해지해서는 안 된다고 그 이유를 설명해드렸다. 설명을 듣고 난 대표님은 나한테 추가 계약을 하자고 했다. 내 설명을 듣고 과연 진정한 컨설팅이 무엇인지, FC로서 지녀야 할 마음자세가 무엇인지 알아봐주셨기 때문이다. 결국 박과희 형님은 그 이후에 추가로 증액을 하셨다.

🔑 이관 고객에게 진심을 보이고 인내하며 기다린 끝에 VVIP 고객으로 만들다

합성수지 및 아크릴 욕조, 싱크대 제조 판매 설치업체인 ㈜디와이종합화학 하지영 대표님은 2005년 ING생명 선배가 회사를 그만두면서 내게 이관해준 고객이다. 이관고객을 추가 고객으로 만들려면 더 자주 찾아가 컨설팅하는 수밖에 없다.

나는 그동안 그 회사가 컨설팅을 받아보지 못한 부분인 '법인컨설팅'으로 접근했다. 정관을 변경하는 데 직접적인 도움을 주고 그와 관련한 설명을 지속적으로 하자 큰 관심을 보이면서도 '시간을 두고 좀 지켜보자'는 신중한 태도를 보였다.

이럴 때 섭섭해하거나 서두르면 백전백패다. 나는 더 자주 찾아가서 추가로 필요성을 자세히 설명하고, 세법과 관련한 자문도 계속했다. 그러자 결국 마음을 열어서 1,000만 원짜리 법인계약을 했다. 이후에도 하 대표님의 아버님, 형님, 어머님, 여동생 등 거의 모든 가족을 다 소개해주었고, 결국 그분들 모두 종신보험이나 연금보험을 들면서 내 고객이 되었다. 그뿐만 아니라 2012년 시상식에서 처음으로 내가 챔피언이 되는 데 결정적인 도움을 준 양대식 대표님을 소개해주었으니, 하 대표님이야말로 '인내가 준 달콤한 결실'이었다.

경기도 부천에서 펄프 및 종이 가공용 기계 제조업을 운영하시는 썬에스지엠㈜ 곽인효 대표님, 윤진희 이사님하고의 인연도 나의 진심과 노력이 담긴 성실함을 바탕으로 지금은 가족 같은 인연이 되었다. 일본계 회사 직원으로 시작하여 결국 그 회사 최고경영자가 되고 오너가 되었으니 곽인효 형님도 대단한 사업가시다. 일본어도 유창하게 잘하시는 곽인효 형님하고는 20년 전 경희대학교 대학원에서 만난 유정순 누나의 소개로 만나게 되었는데, 억울하게 피해를 입었던 형님과 누나에게 나는 진심이 담긴 마음을 전하며 회사와 관련된 몇 가지 일을 한여름 뜨거운 햇살에도 아랑곳하지 않고 내 일처럼 여기며 시간을 내서 체크해드리고 함께했다. 결국 모든 것이 정리되고 난 6개월 후에는 법인컨설팅의 모든 것을 맡기게 되었고 인효 형님 주변에 사업하는 많은 분도 소개해주시면서 여러 번 증액한 끝에 지금은 법인에서 월납 1,500만 원 이상을 납입하고 계시는 VVIP 고객이자 마음과 마음으로 아껴주시는 형님과 누나가 되었다.

🔑 지속적인 열정과 성실함과 순수한 마음이 고객의 마음을 열었다

2008년 처음 인연을 맺은 인터넷 서비스업체 ㈜맥스플로어의 양대식 대표님은 G마켓 공동창업자로서, G마켓을 미국의 최대 다국적 인터넷기업의 하나인 이베이에 매각한 후 엄청난 자산을 보유하고 있었다. 사실 재산도 워낙 많고 젊은데다 미혼인지라 보험이 필요 없는 분일 수도 있었다. 하지영 대표님 소개로 만난 후 골프를 함께하는 등 인간적인 모습을 보여주었고, 하 대표님이 간간이 나에 관해 이런저런 이야기를 해주기도 했다.

3년이 지난 후 내가 처음으로 보험에 관해 입을 열자 월납 1,000만 원짜리 총 30억 원의 종신보험을 계약했다. 결국 순수한 마음이 고객의 마음을 저절로 열게 한 것이다.

양 대표님은 재산의 상당 부분을 다른 벤처기업에 투자하고 있으며, 언론에서도 집중 부각하는 분이다. 고향인 제주에서 매주 스쿠버다

이빙을 즐기고, 주말에는 폴로를 하며 인생을 즐기는 멋진 분이다.

2011년 영업실적을 바탕으로 2012년 처음 챔피언이 되던 날, 하지영 대표님과 양대식 대표님, 내 VIP 1호 고객인 광인산업㈜ 김형주 회장님 부부를 시상식에 초빙했다. 그때 챔피언이 되면 회사에서 나를 포함해 6명에게 여행 기회를 주었는데, 우리 가족과 하 대표님, 양 대표님과 함께 인도네시아 발리 여행길에 올랐다.

카이스트 부품소재기업 CEO과정에서 만나 지금은 내 열렬한 후원자이자 인간적으로도 소중한 형님들이 되어주신 분들이 있다. 인천에서 반도체 제조 장비 및 부품 제조업을 운영하시는 ㈜이노디스 박해신 대표님과 경기도 부천에서 역시 반도체 장비 및 기계, 부품 제조업을 운영하시는 ㈜성진테크 문용규 대표님이 바로 그분들이시다.

박해신 형님은 나를 만나기 전에 이미 오래전부터 국내 S보험사와 큰 인연을 맺었는데, 내가 지속적인 열정과 성실한 모습 그리고 순수한 마음으로 다가서서 장기적 측면에서 회사에 대한 전반적인 솔루션을 지속적으로 자문해주었더니 결국 마음이 열리셨고, 몇 번 증액한 끝에 지금은 법인에서 월납 1,500만 원 정도 금액을 납입하고 계신다. ㈜중앙하이프론 김성한 대표님, ㈜유원 이성우 대표님, AU인터내셔널 이유성 대표님, ㈜경도시스템 김도용 대표님, ㈜인일정공 조경호 대표님 등 형님 주변에 사업하시는 더 좋은 분들을 내게 소개까지 해주시면서 내가 하는 일에 많은 관심과 애정을 보여주신, 평생을 함께할 소중한 형님이자 인생의 스승이 되어주셨다.

박해신 형님하고는 또한 올해 초 새로운 공부를 하고 다양한 사람을 만나고자 서울대학교 자연과학대학 SPARC 과정에 함께 입학하면서 다시 공부를 시작하게 되었다. 나는 뜻하지 않게 사무총장이라는 막중한 책임을 맡게 되어 ㈜미당에프씨 심우열 회장님을 비롯한 사회 저변에서 나름대로 성공하고 인품과 덕망이 높으신 훌륭한 CEO분들과 새로운 인맥 쌓기에 열을 올리고 있기도 하다. 이곳에서 만난 머리앤코글로벌한의원 이태훈 원장님은 대학교 선후배 사이라는 인연 덕분에 특별히 챙겨주시고 교통사고 후유증으로 목이 아파서 고생할 때에도 수업시간에 체크해주시는 등 그동안 소홀히 했던 내 건강에 관한 모든 것을 맡길 정도로 내 인생에 아주 중요한 형님이 되셨으니 새로운 인연에 늘 감사하게 생각한다. 그리고 특별히 서울대학교 자연과학대학 SPARC에서 만났지만 고향 후배라고 각별히 챙겨주시고 애정을 주신 김앤장법률사무소 김두봉 변호사님도 내가 만난 소중한 인연 중 한 분이시다. 특히 두봉 형님은 행정고시, 사법고시, 공인회계사 시험에 모두 합격했을 정도로 천재에 가까운 매우 똑똑한 분이시다.

문용규 형님은 반도체 회사에서 연구원으로 근무한 경험을 토대로 직접 사업을 하시게 되었는데, 짧은 기간에 엄청난 업적을 남긴 분으로 일벌레처럼 사신다.

가끔 늦은 저녁시간이나 주말에도 전화해보면 회사에서 쉬지 않고 연구하며 밤늦게까지 일하시는 스타일이 나하고 조금은 비슷한 형님이시다.

용규 형님은 법인 외에도 MSW KOREA라는 같은 업종의 개인회사를 병행·운영하는데, 그야말로 회사 일에만 매진하느라 법인 정관 변경부터 상속, 증여, 주식이전 문제, M&A, 세금, 특허 등 형님한테 필요한 내용은 지금까지 특별히 관심을 갖지 않으셨다. 그래서 수시로 찾아뵙고 자문하면서 형님 곁에서 힘이 되고 기다린 끝에 결국 나의 열정과 순수한 마음에 형님께서 감동받았다고 하시면서 소중한 인연을 맺게 되었다. 형님은 증액 끝에 지금 법인에서 월 1,000만 원 정도를 납입하고 계신다.

형님 역시 주변에 사업하는 형님들을 많이 알고 계시어 부천에서 반도체 사업을 하시는 제엠제코㈜ 최윤화 대표, ㈜일레븐전자 박지수 대표, 한국로스트왁스㈜ 장원준 대표를 비롯하여 많은 사업가분을 소개해주시는 나에겐 둘도 없는 소중한 은인이시다.

특히 가산디지털단지에서 반도체 관련 부품 제조업을 하시는 ㈜세이텍 임은재 대표님을 소개하시면서 나에 대한 칭찬을 어찌나 많이 했던지 임은재 형님 역시 처음 보자마자 내가 한번에 형님으로 모실 정도로 성격이 참 좋은 분이다. 은재 형님과 용규 형님은 친한 친구이면서 동갑내기 사업가로서 두 분 모두 밤늦게까지 일에 열중하는 열혈 사업가이시다. 은재 형님도 외국계 반도체회사 연구원 출신이라서 사업에만 열중하다 보니 세금 문제, 상속, 증여, 주식이전, 법인 정관 변경, 법인컨설팅과 관련한 전반적 플랜이 준비되어 있지 않았는데, 내가 법인의 주식 가치가 상승하기 전에 주식 일부를 자녀에게 증여하는 플랜부터 법인 정관의 전면 개정, 소득분산 문제, 자금 출처 형성, 상속세 재원 마련 및 법인 임원에 대한 전반적 보상플랜을 체계적으로 컨설팅해드렸더니 시원시원하게 바로 법인에서 1,000만 원 정도를 계약해 인연을 맺게 되었다은재 형님도 형님 회사 주변에서 사업하시는 ㈜준쥬얼리 박상운 대표님, ㈜홍스에이전시 홍범석 대표님 등 좋은 친구분들을 소개해주시는 내 인생의 소중한 형님이시다.

🔑 어떤 검증에도 철저히 대비했다

배전반 및 전기 자동제어반 제조업체인 ㈜베스텍 장세용 회장님은 2009년부터 지속적으로 회사에 찾아가 인사를 드리곤 했다. 그 기간이 3년이 넘으면서 그분의 인품에 마음이 무척 끌렸다. 회사가 더 커지면서 담당 세무사와 회계사도 두었고, 내부에서는 재무담당 이사분이 세무와 회계 관련 일을 담당했다. 그러니까 내가 장 회장님과 계약을 맺으려면 장 회장님 외에 이들 세 분을 제대로 설득할 수 있어야 했다.

처음에는 내가 하는 일, 회사에 적합한 플랜 등을 제안하는 수준에 그쳤지만, 2011년 여름이 되자 비로소 구체적인 제안을 했다. 그 후 계약은 2012년 1월에 했으니 네 분을 설득하고 이해시키는 데 6개월이 걸린 셈이다. 이 기간에 장 회장님은 본인은 물론 세무사, 회계사, 재무담당 이사에게 나에 대해서는 물론 내 제안에 대해 철저하게 검증하도록 했다. 나는 최대한 노력을 기울여 내 제안의 타당성을 인지시켰다. 그리하여 마침내 검증을 통과한 후 가입금액 20억 원, 7년 동안 월납 1,600만 원짜리 법인 종신보험계약을 하기에 이르렀다.

사실 회사 규모도 크다 보니 이미 가입한 다른 보험도 많았다. 하지만 검증 마무리 단계에서 장 회장님을 비롯한 세 분이 "그동안 정 이사가 제안하는 것과 같은 진정한 컨설팅을 받아보지 못했다"고 말했다. '진정한 컨설팅'이란 왜 법인에서 이런 보험이 필요한지, 정관에서 필요한 보상플랜이 어떤 것인지, 명의신탁으로 되어 있는 주식이 있는데 그 주식을 향후 어떻게 처리할지, 자녀 이름으로 회사를 하나 만들려고 하는데 상속이 발생했을 때 상속세 재원을 어떻게 줄일 수 있는지 같은 것들이었다.

그리고 장 회장님이 갖고 있는 또 다른 고민, 즉 자기 업종인 배전반이 향후 성장산업인지 사양산업인지에 대해서도 같이 고민하고 상담을 해주었다. 등기임원, 주식과 관련된 내용도 조금씩 변경해주고 있으며, 차명으로 되어 있는 주식을 일부 회수하는 방법도 컨설팅했다.

이런 과정에서 신뢰가 생기자 장 회장님은 추가로 가입금액 10억 원짜리 법인 종신보험계약을 해서 현재는 매월 2,500만 원 정도를 납입하고 있다. 장 회장님은 순천향대학교 건강과학 CEO과정에서 만났지만 사모님하고도 친해졌다. 2013년 2년 연속 FC 챔피언이 되었을 때 장 회장님 부부를 홍콩 마카오 컨벤션 시상식 및 트립에 초대하여 우리 가족과 소중한 추억을 남기는 여행을 함께하기도 하였으며, 이제는 내가 자제분 소개팅도 주선할 정도로 인간적인 관계가 되었다. 그것이 몇억 원짜리 보험금이나 몇백만 원짜리 월납 보험료와는 비교할 수 없는 소중한 가치다.

🌐 따뜻한 마음으로 고객의 마음을 열었다

장성기 대표님은 ㈜영일패키지 대표로, 부직포 및 포장자재 제조업을 하는 분이다. 2010년 KLPGA 하이트배 챔피언십 메이저대회 우승자이자 2014년 제주에서 열린 KLPGA(한국여자프로골프대회) 개막식에서 홀인원을 기록한 장수화 프로의 부친이기도 하다.

이분을 내게 소개해준 분이 바로 고영득 형님과 윤평옥 형님이다. 고영득 대표님은 포장 도매업을 하는 삼진포장 CEO로, 허시파피 협력업체 모임에서 만난 분 중 가장 먼저 나와 계약을 했다. 다산팩㈜ 윤평옥 대표님은 내 보험 역사상 최초로 부부 합산 가입금액 100억 원짜리 법인 종신보험계약의 역사를 쓸 수 있게 해준 분이다.

장 대표님도 이미 다른 보험에 가입하고 있었는데, 나는 그와 상관없이 법인과 관련해 성심성의껏 컨설팅을 해주었다. 기존에는 그러려니 하고 보험만 계약했지 진정한 컨설팅을 받지는 못한 상태였기 때문이다. 정관에 필요한 보상플랜, 주식 문제, 세금 문제 등 자세한 컨설팅을 해주자 낯설어하면서도 매우 진지하게 들었다.

결국 장 대표님은 650만 원짜리 법인 종신보험으로 계약한 후 300만 원 추가 계약을 했고, 여기에 따님인 장수화 프로까지 계약하게 해서 전체적으로 규모가 큰 계약 건을 성사해주었다. 사실 처음 만났을 때만 해도 워낙 무뚝뚝해서 계약까지 하기는 어렵겠다고 생각했다. 그러나 나중에 자주 만나뵈니 인간적으로 아주 따뜻하고 좋은 분이셨다. 나는 마음을 비우고 함께 골프를 즐겼고, 서로 부담 없는 관계가 되니

장 대표님이 먼저 마음을 열었다. 현재 법인에서 월납 1,000만 원 정도 계약을 유지하고 있고, 고영득 대표님과 함께 바로 회사 옆에서 사업하시는 ㈜삼정종합패키지 황호인 대표님을 소개해주어 추가 계약도 할 수 있었다.

또한 장성기 형님은 2013년 12월에 방산시장에서 염색업을 하시는 김영전 대표님과 함께 동대문 평화시장 및 경기도 양주에서 레이스 관련 사업을 하시는 ㈜동양레스 이봉우 대표님을 소개해주셨다. 이봉우 대표님은 인품이 매우 점잖은 분이셔서 고객으로 만들고 싶다는 생각이 들었지만 결코 서둘지 않았다. 우선 2014년 1월 나는 장성기 대표님, 김영전 대표님, 이봉우 대표님, 고영득 대표님, 윤평옥 대표님, 김희수 다표님, 이덕용 회장님 등 CEO 일곱 분을 초청하여 일본 미야자키로 골프 투어를 다녀왔다. 이후 '정미회'라는 이름의 모임을 만들었으며, 일본 골프투어를 계기를 더욱더 돈독한 관계로 발전하게 되었다. 결국 ㈜동 양레스 이봉우 대표님도 정관 변경 및 차명으로 되어 있는 등기임원 교 체, 차명주식 이전, 상속세 재원 마련 등 전반적인 법인컨설팅을 진행한 후 법인으로 월납 600만 원이 조금 넘는 법인 종신보험을 계약하게 되 었다.

좋은 사람들과 서로 비즈니스를 연계하면서 인원이 적더라도 끈끈 한 소모임을 만들어가며 더욱더 친하게 지내는 과정이 결국 나에게 오랜 시간 빛을 발하게 해주는 하나의 구심점이 되어가고 있는 것이다.

나는 장 대표님과 이러한 일련의 모임을 만들어가면서 다시 한 번 깨달았다. 초조해 하지 말고 시간을 가지고 진심으로 대하면 언젠가 마 음을 열게 된다는 사실을.

『논어』에 '人不知而不慍(인부지이불온) 不亦君子乎(불역군자호)'라는 말이 있다. '나그네의 외투를 벗게 하는 건 강한 바람이 아니라 따뜻한 햇살이 다'라는 뜻이다. 그래서 나는 다시 한 번 생각한다. 고객의 마음을 열게 하는 건 강한 권유가 아니라 따뜻한 마음이다.

🔑 인연이 인연을 낳았다

플라스틱 필름 시트 및 특수비닐 제조업체인 ㈜대영합성 김희수 대표님 은 삼진포장 고영득 대표님 소개로 만났는데, 2012년 태백 골프대회에 처음 오신 분이었다. 그때 함께 오신 가망 고객 네 분 중 두 분은 계약을 못했다. 사실 계약을 안 한 상태에서 다시 만나면 내가 좀 섭섭해할까 봐 부담스러워하는 경우가 많은데, 김 대표님은 2013년에도 알펜시아에서 개최한 VVIP CEO 골프대회에 왔다.

어느 날 김 대표님이 내가 말을 꺼내기도 전에 이렇게 말했다.

"나 나름대로는 계약을 하려고 했는데, 부친도 있고 형님도 있고 여동생도 있어서 큰 계약은 못하더라도 나중에 법인과 관련해서 정 이사와 인연을 맺고 싶어요."

하지만 그 '나중에'는 '곧'이 되었다. 내가 아무런 섭섭한 기색 없이 '나중에 인연을 맺고 싶다'는 말에 무척 감사해하자 김 대표님은 골프대회에서 돌아오자마자 계약했다. 또한 배우자 계약도 흔쾌히 먼저 요청하시어 함께 계약을 하셨고, 그 이후 여러 번 증액을 하신 끝에 지금은 월

납 600만 원 이상을 납입하고 계신다. 거기다 워낙 사람들과 친화력이 좋은 분이라 주변에 있는 사람들을 많이 소개해주었다.

사실 방산시장에서 많은 고객을 확보할 수 있었던 것도 주변 사람들과 친화력이 좋은 고영득 대표님을 비롯하여 김희수 대표님, 윤평옥 대표님, 장성기 대표님 같은 분들이 끈끈한 정으로 똘똘 뭉친 덕분이다.

이분들 덕분에 박원근 사무장님, 황호인 대표님, 김창오 대표님, 김정환 대표님, 김진철 대표님, 김용석 대표님, 강정현 대표님, 박창규 대표님, 권창현 한의사님, 최화범 대표님 등 방산시장에서 사업하시는 좋은 분들과 인연을 많이 맺었음을 감사하게 생각한다.

"내가 큰 계약을 못했으니 뭐든 도울 일이 있으면 도와야지."

이렇게 말하면서 주변 사람들을 소개해준 덕에 방산시장 안에 10명도 넘는 고객을 두게 되었다.

인연이 인연을 낳는다. 다만 그렇게 되려면 인내가 필요하다. 만약 내가 두 번 골프를 함께 모시고 갔다고 계약을 바라는 티를 냈거나, 계약하지 않았다고 섭섭해했다면 김 대표님은 두 번의 골프를 마지막으로 나와 인연이 끝났을 것이다. '나중에 하겠다'는 말에 섭섭해하고 사람으로 만나야지 '계약할 사람'으로 만나서는 안 된다는 원칙을 저버린다면 그 인연은 잠시의 인연으로 끝난다.

🔑 전문가의 도움을 받아 상생했다

정진회계법인 전이현 대표회계사님은 2009년 고려대학교 컴퓨터정보통신대학원 ICP 총동문회에서 만났다. 서로 마음이 통해서 내가 라이온스 클럽과 로터리클럽에 가입하여 활동하도록 권유한 분이다.

보험 일을 하면서 나름대로 공부했다고는 하나 전문적인 회계 지식이 있는 게 아니라서 주변에 실력 있는 전문 회계사가 있었으면 좋겠다고 생각하던 중 만난 분이니, 더욱 소중한 인연이다. 나도 회계 자문을 받고, 고객들에게 소개해서 도움을 드릴 수도 있으니 감사한 일이다. 지금까지 내 고객 중 많은 분이 전 회계사님에게 회계자문이나 M&A, 세무 조정 같은 일을 위임하고 있다. 그중에는 가입금액 100억 원짜리 컬인 종신보험계약을 한 다산팩㈜ 회사도 있다. 그분들이 전 회계사님을 통해 많은 도움을 받고, 갚든 적든 수입도 올리고 있으니 감사하다. 더욱이 내가 고객들에게 컨설팅한다고 하지만 늘 부족한 것이 있어서 죄송한데, 전 회계사님이 그 부분을 메워주니 얼마나 다행인지 모른다.

전 회계사님과 나는 지속적으로 만난다. 그 자리에서 우리 고객들의 처지를 함께 고민하고 해답을 찾는다. 또 내 고객을 연결해주기 위해 사전에 고객에게 무엇이 필요한지 전 회계사님에게 알려주는 일도 내 몫이다.

물론 나만 전 회계사님을 내 고객들에게 소개하는 건 아니다. 전 회계사님도 자신의 고객을 내 새로운 고객으로 연결해준 적이 많다. 몇 년 전에 소개받아 월납 500만 원짜리 법인 종신보험계약을 한 바이오회사 ㈜동인바이오텍 조길남 대표님이 대표적인 경우다. 그리고 전 회계사님 자신도 월납 1,000만 원 이상 보험에 가입하고 계신다. 사실 세무사·회계사·변호사는 웬만하면 보험에 가입하지 않는데, 전 회계사님이 그만한 금액으로 계약한 것은 이례적인 일이었고, 그만큼 나와도 아주 각별한 사이가 되었다.

법무법인 한별 대표인 최영룡 변호사님도 전 회계사님과 유사한 경우다. 내가 최 변호사님과 인연을 맺은 것은 이분이 변호사 개업을 하기 전이다. 개업 당시에는 무척 바쁠 텐데도 로펌 문을 열자마자 "정 이사와 인연을 맺고 싶다"며 보험계약을 하셨다.

전 회계사님의 경우와 마찬가지로 법률 자문이 필요한 고객이 있으면 곧바로 최 변호사님에게 소개해준다. 나 또한 로펌과 관련한 컨설팅을 해주지만 최 변호사님도 내게 아주 유익한 법률 자문가이자 고문이다. 그 덕분에 나는 고객들에게 컨설팅할 때 법률적인 문제를 보완해서 할 수 있고, 내 고객들도 경륜이 풍부하고 뛰어난 변호사에게서 법률 자문을 받으니 누이 좋고 매부 좋은 일이다.

내 고객 가운데 상당수가 전 회계사님과 최 변호사님의 고객이다. 전 회계사님과 최 변호사님 역시 내 고객이며, 그분들의 고객들도 내 고객이다. 그리고 무엇보다 나는 아주 든든한 회계사와 변호사가 가까이 있어 회계와 법률 지식으로 무장한 FC가 될 수 있었다.

나는 앞으로도 가능한 한 많은 고객을 전 회계사님과 최 변호사님에게 소개하고 싶다. 전 회계사님과 최 변호사님이 나와 보험계약 관계에 있다거나 내게 소개해줄 고객이 있어서 그런 건 아니다. 실력이 뛰어난 회계사고 변호사니만큼 내 소중한 고객들에게 진정 도움이 될 것이기 때문이다.

전이현 회계사님은 또한 조은연 대표, 박영규 대표, 강창호 대표, 최

장춘 대표 등 알고 지내는 좋은 기업인들을 나에게 소개해주면서 그분들이 전문적인 컨설팅을 받을 수 있도록 많은 도움을 주고 있다.

이분들과 나는 '공생共生'이 아니라 '상생相生'의 관계다. 전 회계사님과 최 변호사님이 내 고객들을 소중히 여기는 만큼 나 또한 이분들의 고객이 소중하다.

🔑 FC로서도, 다른 일에서도 최선을 다했다

건축자재 전문 제조업체 신풍PI㈜ 기세만 회장님은 2008년 고려대학교 컴퓨터정보통신대학원 ICP 24기에서 만났는데, 처음에는 사업이 무척 바빠서 원우회 모임에 잘 나오지 않으셨다. 사무총장을 맡고 있던 나는 아주 점잖으시고 인품이 좋은 분과 모임을 함께할 수 없다는 게 마음에 걸려서 몇 번 회사로 찾아갔다. "모임에 나오셨으면 좋겠다"고 했더니 그 이후 모임에 꼭 나왔는데, 무척 감사하고도 반가웠다.

조금 시간이 지난 다음 조심스럽게 회사와 법인, 보험 문제 등을 말씀드렸더니 곧바로 자신이 경영하는 회사 세 곳의 정관을 모두 보여주었다. 오너에 대한 보상플랜 중 정관에 명시되어야 할 퇴직금이나 유족보상금, 차명주식 문제, 상속세 재원 마련 등을 자세히 설명하자 처음엔 기 회장님 이름으로 계약하지 않고 같은 회사에서 근무하는 동생 이름으로 법인에서 월납 300만 원 계약을 했다. 이후 골프대회 등에서 자주 만나며 회사 규모도 커진 만큼 추가로 필요한 부분을 설명했더니 기 회장님 이름으로 법인에서 월납 300만 원을 추가 계약했다.

또한 2008년 이후에도 지금까지 만 8년 동안 지속적으로 방문하여 변경된 법인컨설팅 관련한 자문이나 M&A 관련 기업 정보를 꾸준하게 제공해왔고, 최근에도 법인에서 추가로 월납 400만 원을 계약하시어 지금은 월납 1,000만 원의 계약을 유지하고 계신다.

모임조차 안 나왔던 분이 내 설득으로 모임에 나오고, 컨설팅도 기꺼이 받고, 결국 계약까지 하게 되었으니, 나는 모임에서 인연을 이어가고 고객으로 모시는 두 가지 행운을 얻었다. 기 회장님이 서울 제일로터리클럽 회장으로 있을 때 전이현 회계사님, 윤평옥 대표님, 이세준 대표님과 함께 그 모임에 참여해 더욱 소중한 인연으로 이어가고 있다.

기 회장님을 만나 고객으로 만들게 된 것은 내가 사무총장 역할을 다하면서 그 일에 충실했기 때문이다. 만약 모임에 나오거나 말거나 관심을 두지 않았다면 이런 인연은 없었을 것이다.

🔑 만남에는 조건이 필요 없다

건설토목, 전기공사, 철탑공사, 고속철도공사 등을 하는 ㈜정우이엔씨 이종협 회장님은 고려대학교 공학대학원 도시개발 최고위과정 4기도 2007년 처음 만났다. 그런데 나중에 이 4기 모임이 이런저런 사정으로 없어지는 바람에 이 회장님과의 관계도 끝날 위기에 놓였다.

사실 잠깐 대학원에서 만난 사람들이 졸업 후 따로 모임이 없는 한 일부러 만나기는 쉽지 않다. 그런 까닭에 모든 학업 과정은 그 강의를 함께 듣는 6개월 내지 1년의 시간보다 그 이후 만남이 더 중요하다. 그래서 대부분 학업 과정이 끝난 뒤 별도로 전체 졸업생 또는 기별 수료생 정기모임이 있는 법이다.

특히 총무를 맡고 있던 나로서는 모임이 깨져버렸다는 것이 무척이나 안타까웠다. 그래서 다 함께하는 모임은 아니더라도 직접 인연을 이어가야겠다는 생각에 찾아간 분이 이 회장님이다. 평소 이 회장님 인품이 워낙 좋으셨기에 내 인생의 선배로서 자연스럽게 부담 없이 만나고 싶었다.

2007년부터 만 5년 동안 그렇게 특별한 용무가 없어도 연락한 후 자주 찾아갔다. 그랬더니 이 회장님이 회사와 관련된 고민거리를 털어놓곤 했고, 나는 내 지식과 경험을 총동원해 설명해주었다. 역시 법인컨설팅 플랜과 관련하여 정관 변경 및 퇴직금, 유족보상금, 차명주식 문제

임원 보수규정 및 적정한 급여 책정, 배당 문제, 자사주취득, 실제 근무하지 않는 차명의 등기임원 문제, 상속세 및 각종 세금과 관련된 내용 등을 자세하게 소개하고 그 필요성도 알려주었다.

이 과정에서 차명으로 되어 있는 주식을 따님이나 아드님한테 이전해주는 플랜, 제3자 이름으로 되어 있는 등기임원을 가족 중심 등기임원으로 변경하는 일, 비교적 규모가 큰 가지급금을 상환하는 방법, 2012년 4월 15일 개정 상법에 따른 변경 사항과 대응 방안 등을 알려주고 정관에 반영하도록 했고 세금과 관련된 일들도 수시로 자문했다.

이런 과정을 누군가 지켜보았다면 어마어마한 금액으로 보험계약을 한 관계인 줄 알았을 것이다. 하지만 그 5년 동안 나도 회장님도 한 번도 보험 얘기를 꺼낸 적이 없다. 그러니까 나는 무상으로 컨설팅을 하고 전담 세무사와 회계사 일까지 한 셈이다. 그래도 나는 동기 모임이 없는 상태에서 그렇게 만나 도움을 줄 수 있어 행복했다.

2011년 말, 이 회장님은 드디어 월납 1,000만 원짜리 법인계약을 하셨다. 몇 개월 뒤인 2012년 초에는 400만 원 정도 증액을 하시어 지금은 법인에서 월납 1,400만 원 정도 납입을 하고 계신다.

모임이 없어진다고 함께 시간을 보낸 추억이 없어지는 것도, 함께 해야 할 앞으로의 관계가 없어지는 것도 아니다. 그러니 별다른 모임이 없다고 만남을 포기한다면 그건 사람을 포기하는 것이다. 그리고 그 이유는 게으른 탓이다.

모임이 없으면 모임을 만들어라. 수십 명이 함께했던 단체에서 별도 만남이 없어졌더라도 두 사람이라도 만나면 그게 바로 모임이다.

🔑 평생을 함께할 거대한 인맥을 형성하다

지역난방 플랜트 건설업체인 한난엔지니어링㈜ 신동호 회장님은 2010년 동국대학교 문화예술 CEO과정 1기에서 만났다. 그때 이미 다른 보험회사 FC가 신 회장님 회사로 꾸준히 찾아와 난을 선물하는 등 교류를 맺고 있었고, 어느 정도 계약도 하고 있었다. 내가 신 회장님에게 회사 정관 변경 등 여러 컨설팅을 한 것은 결코 그 계약을 해지하게 만들어 신 회장님을 내 고객으로 만들겠다는 생각이 있어서가 아니었다. 그건 내소신에 절대 맞지 않는 일이다.

다만 나는 신 회장님의 인품이 존경스러웠고, 내가 꼭 필요한 도움을 주어 신 회장님이 마음 놓고 회사를 경영할 수 있도록 하는 게 좋았을 뿐이다. 실제로 내가 컨설팅하는 과정에서 신 회장님은 이렇게 말했다.

"기존에 다른 보험을 많이 하고 있어서 사실 할 게 없어요."

그 말에 나는 활짝 웃으며 그래도 형님으로 모시고 있는 신동호 형님 회사만큼은 법인과 관련하여 전반적인 내용을 한번 점검해주고 싶다며 어떠한 컨설팅을 하는지 한 번 정도는 들어봐주셨으면 좋겠다고 하고 어느 날 회사로 찾아갔다. 그런데 실제로 다른 보험에 많이 가입했는데도 '지성이면 감천이라고 했던가?' 어느 날 신 회장님께서 처음에 내가 점검해드린 종합적인 법인컨설팅 플랜 및 부지런하고 성실한 내 모습에 감동하시어 법인에서 월납 400만 원, 그다음에 300만 원, 700만 원, 이렇게 적지 않은 금액으로 가입을 하셨다. 결국은 이렇게 계속 증액한 끝에 지금은 월납 3,000만 원 이상을 납입하고 계신다. 그뿐 아니라 내가 그 자리에 있거나 없거나 주변 사람들에게 나를 이렇게 소개했다.

"정 상무 같은 친구도 없어요. 나같이 회사 운영하는 사람한테 많은 도움도 되거니와 이 친구가 정말 열심히 하고 아는 것도 참 많아요. 그러니 만나서 컨설팅을 들어보고 다 우리를 위한 일인데 할 수 있으면 당연히 정 상무한테 해야지요."

나하고 신동호 형님의 인연은 여기에서 그치지 않았다. 신동호 형님은 그 이후로 나를 친동생으로 생각하셨고, 주변에 수많은 CEO를 볼 때마다 평생을 함께할 아우라고 소개해주시면서 사업하는 친구들은 무조건 내 아우를 한 번쯤은 만나서 상담을 받아야 한다고 얘기해주시면서 내 모든 영업의 밑바탕을 깔아주시는 친형님이나 다름없는 정말 좋은 분이시다.

2015년 3월에는 캘리포니아주립대학교 AMP 과정을 함께 다니면서 인품도 좋고 대단하신 분들과 좋은 인맥을 만들게 되었다. OB맥주의 신화를 만드신 장인수 부회장님, KBS 금동수 부사장님, 우리나라 고시학원의 유명한 스타강사이신 위계점 형님, 유머 감각이 뛰어나시며 언제나 사람들을 즐겁게 해주시는 남상태 형님, 외식산업의 새로운 아이콘이며 멀리 중동의 아부다비까지 진출하게 된 아초원의 홍미란 대표님 등이 계시다. 그리고 성동고등학교 대선배님을 만나게 되었는데, 서울 고등검찰청의 홍효식 부장검사님과 4년 선배님이신 김용일 변호사님 등 참 좋은 사람들과 함께한다는 것은 언제 어디서 무엇을 하더라도 항상 즐거운 일이다.

그리고 외식산업의 모든 주방용품을 제조하고 납품하며 캘리포니아주립대학교 AMP 4기 회장까지 맡고 계시는 ㈜대원주방뱅크 강동의 회장님과 엔터테인먼트 사업을 하시는 6기 회장 유종관 회장님, 캘리코니아주립대 AMP 총동문회장이신 영창텍스타일㈜ 양형민 회장님과도 결국 신동호 형님을 통해서 형님 동생으로 인연을 맺었으니 나는 동호 형님 덕분에 그 무엇과도 바꿀 수 없는 내 인생에서 참 좋은 분들과 다양한 인맥을 쌓아가게 되었다.

2014년 10월 27일, 한성CC에서 VVIP CEO 초청 자선 골프대회를 마치고 시내 한 식당에서 식사를 같이했는데, 신 회장님은 엄태미 대표님을 비롯하여 이날 골프대회에 게스트로 참석하신 ㈜마니엘티 김형철 대표님 등 다른 참석자들을 이미 다 설득해놓은 상태였다. 그 덕택에 나는 엄 대표님 및 김 대표님과 쉽게 인연을 맺을 수 있었고, 수많은 '가망 고객'을 고객으로 만들 수 있었다.

또한 이러한 인연 덕분에 지금은 엄태미 대표와도 친누나처럼 가깝게 지내며, 작년 연말에는 가족 모두를 데리고 태미 누나가 계시는 미국 뉴저지 자택으로 여행을 가게 되었고, 태미 누나의 아주 극진한 대접으로 일주일 이상을 숙박하면서 뉴욕과 뉴저지 일대를 아주 편안하고 즐겁게 여행하였다.

후에 들은 얘기지만, 신 회장님은 결국 다른 보험사와의 계약은 해지했다고 했다. 나와 인연을 맺으려고 손해를 감수하면서 해지한 것이다. 내가 왜 그랬느냐고 묻자 신 회장님은 이렇게 말했다.

"너하고 인연을 맺고 싶고 평생 가야 하니까 일부 손해를 보더라도 정리했다."

그 말을 듣고 나니 나는 신 회장님한테 매우 미안한 마음이 들었다. 나는 앞으로 먼저 고객에게 말할 작정이다.

"다른 보험이 있으면 잘 유지하시고 저는 추가로 필요한 경우에만 제안하겠습니다. 만약 중복되어 해지해야 하는 불필요한 보험이라면 절대 저 때문에 해지하지 마십시오."

신동호 회장님은 현재 나에게는 둘도 없는 친형님이나 다름없는 분이시다. 언제나 친동생처럼 아껴주시고 주변 사람들한테 내 얘기를 자주 해주시고 소개 또한 많이 해주시며 전폭적으로 도와주고 계신다. 내가 항상 영업하느라 여기저기 많이 돌아다니는 게 안쓰러워서 저녁때만 되면 밥 먹으러 오라는 전화도 자주 해주시는 참으로 마음이 따뜻한 좋은 형님이시다.

또한 신동호 형님 덕분에 동국대학교 문화예술 CEO과정 1기에서 만난 ㈜씨엠엔텍 제성호 회장님, 한인선 원장님, 신영숙 대표님 등은 친분을 쌓아오다가 작년에 내 소중한 고객이 되어주셨다.

초음파 유량계 및 유속계, 수위계 시험 및 정밀기기 제조업을 메인 사업으로 하시는 ㈜씨엠엔텍 제성호 회장님도 너무 겸손하고 인간적인 정이 넘치는 정말 좋은 형님이시다. 제성호 형님은 우리나라에 대항할 만한 경쟁업체가 없을 정도로 해당 사업 분야에서는 나름대로 승승장구 하는 알찬 회사를 운영하고 계신다. 그야말로 틈새업종을 잘 공략하시어 성공적으로 회사를 잘 성장시킨 분이시다. 제성호 형님도 회사를 알차게 키우는 데만 관심을 기울였는데 법인에서 대표이사 및 임원한테 필요한 퇴직금, 유족보상금, 차명주식 문제, M&A 컨설팅, 주식 가치 상승 시 상속세 부담 문제 등과 같은 전반적인 보상플랜이나 정관 변경 등에 대한 컨설팅을 하면서 자연스럽기 법인에서 월납 500만 원짜리 계약을 2015년 여름에 하셨다. 향후 추가적인 증액도 검토하시어 지속적으로 찾아뵙고 관련 정보를 수시로 제공하고 있다.

유치원 원장님이신 한인선 누나도 교육사업을 30여 년 넘게 하면서 항상 웃으면서 아이들을 덕으로 감싸주고 친환경적 생태체험학습으로 유도해주시는, 정말 아이들을 위한 마음이 넉넉하고 따뜻하신 정말 좋은 누나다.

건물 임대업을 하시는 신영숙 누나도 무척 점잖으면서 정도 많으시고 인간미가 훌훌 넘치시는 내겐 참 좋은 누나다.

제성호 형님, 한인선 누나, 신영숙 누나 세 분과 만난 지 7년이나 되었다. 이분들은 2015년 6월 88CC에서 개최했던 제15회 2015년 상반기

183

VVIP CEO 초청 골프대회에 오셔서 결국 나하고 인연이 된 분들이시다. 처음 만나서부터 거의 6년여 동안은 형님이나 누나들한테 보험이나 법인컨설팅조차 얘기하지 않고 좋은 인연을 맺어오다가 6년째 만에 비로소 좋은 인연을 맺은 분들이시다.

또한 신동호 형님 덕분에 조근호 형님과도 호형호제하며 친동생처럼 나를 아껴주시는 형님이 되셨다. 조근호 형님도 자신의 일처럼 주변 사람들한테 자주 나를 소개해주시는 소중한 형님이시다.

2015년 6월 88CC에서 개최한 제15회 상반기 VVIP CEO 초청 골프대회에서는 조근호 형님께서 발전설비 관련 사업을 하시는 파워엔지니어링㈜ 김진만 대표님을 가망 고객으로 초청하셨다. 김진만 형님과도 정관 변경부터 체계적인 법인컨설팅 플랜으로 퇴직금, 유족보상금, 회사 주식 가치 상승에 따른 상속세 부담 문제, 가업승계, 자기주식취득, 등기임원 문제, 직무발명보상금 문제까지 잘 마무리한 후 법인에서 월납 1,700만 원이 조금 넘는 계약을 해서 처음 만난 지 한 달 만인 2015년 7월 내 VVIP 고객이 되셨다. 김진만 형님은 골프도 아주 잘 치시는데 결국 2015년 상반기 골프대회에 처음 참가해 우승자가 되기도 하셨다.

2015년 7월 말에는 그동안 나를 전폭적으로 도와주신 신동호 형님과 조근호 형님께 보답하는 의미에서 몇 분을 초청하여 강원도 홍천으로 2박 3일 골프투어를 가게 되었는데, 이곳에 조근호 형님께서 음향 및 방송장비 관련 방음 및 내화공사업을 하시는 에스엔엔지니어링㈜ 우문식 대표님을 가망 고객으로 초청하셨다. 우문식 형님도 2015년 가을에 퇴직금, 유족보상금, 자기주식취득, 퇴직금 중간정산 문제, 가지급금 상환 문제, 상속세 재원 마련 등 종합적인 정관 변경 및 컨설팅을 플랜으로 책인에서 월납 500만 원의 종신보험을 가입하시어 고객이 되셨는데, 알고 보니 서울 성수중학교 9년 선배님이셨다. 우문식 형님은 또한 내가 오래 전부터 후원하고 있는 지역구 국회의원 우원식 의원님의 사촌동생이셔서 세상이 정말 좁다고 하면서 크게 웃으셨다. 우문식 형님은 사회에서 만나서 좋은 고객이 되어주셨고, 내가 후배라는 사실을 알고 난 후부터는 나를 더욱 아껴주시고 영업적으로도 소개를 많이 해주시는 정말 좋은 형님이자 착한 선배님이시다.

우문식 선배님과 함께 '중대한류CEO' 골프모임 회장을 수년째 갈아오시던 ㈜태완 김홍진 회장님도 결국 신동호 형님이나 조근호 형님 등을 통해서 만났는데, 알고 보니 김홍진 회장님은 성수중학교 14년 선배님인 국회의원 우원식 선배님하고 동기셨다. 그런데 함께 골프모임을 몇 년째 해왔음에도 우문식 선배님과 김홍진 선배님께서는 서로 선후배 사이라는 것을 모르고 지냈는데, 결국 나하고 함께 골프를 치면서 선후배 사이가 되었으며, 없던 인연도 나를 통해서 더 좋은 인연이 되었으니 이 얼마나 기쁜 일인가?

건설회사 경험을 바탕으로 규모가 큰 시행회사를 운영하시는 김홍진 선배님 역시 몇 번 뵙지도 않았는데, 후배라는 사실이 좋았는지 사무실로 불러서 점심도 사주시고, 사업경험 및 인생 경험을 얘기해주시면서 항상 겸손과 절약을 강조해주시는 참 좋은 선배님이시면서 아주 훌륭하신 선배님이시다.

연예인이나 방송인들과의 인연은 나름대로 남다른 소중함이 있다. 라디오나 텔레비전에서 그분들 목소리를 듣거나 모습을 보면 나는 고객이 아니라 아이돌을 만나는 듯 반갑다. 차를 타고 가다가 라디오에서 그분들 목소리를 들으면 입가에 미소가 저절로 번진다. 고려대학교 컴퓨터정보통신대학원 ICP 24기로 2008년 만난 가수 김상배 형님, MBC 라디오 '강석·김혜영의 싱글벙글 쇼'를 진행하는 방송인 김혜영 누나, 2009년 순천향대학교 건강과학 CEO과정 14기로 만난 강석 형님, 2010년 동국대학교 문화예술 CEO과정 1기로 만난 방송인이자 서정대학교 교수이신 김종석 형님, MBC 9시 뉴스 앵커이셨던 김세용 형님 그리고 우연히 소개로 만난 MBC 개그맨 손헌수·추대엽·오정태 씨가 그렇다.

　나하고 나이 차이도 많이 나는 김상배 형님은 항상 "아우야, 아우야" 하면서 나를 많이 챙겨주었고, 내 골프행사가 있는 날이면 함께 운동을 즐긴다. 2014년 10월 27일 한성CC에서 개최했던 제14회 VVIP CEO 골프대회 때는 당일에야 일정 때문에 참석을 못한다고 알려온 분이 있었는데, 급한 마음에 전화했더니 다른 약속을 다 취소하고 곧바로 달려왔다. 라운딩이 끝나고 내 고객들을 위해 노래도 불러주었으니, 그렇게 고맙고 죄송할 데가 없었다.

　김혜영 누나 덕분에 MBC 싱글벙글 쇼 공개방송에 가서 구경도 하고 끝나고 나서는 식사도 하는 즐거움을 얻었다. 김혜영 누나와 함께 MBC 라디오 '싱글벙글 쇼'를 거의 30년 가까이 진행하고 계시어 한 방

김종석 형님은 2013년 6월 알펜시아 골프대회 때는 다른 일정도 취소하고 약 100명의 고객 앞에서 멋지게 사회를 봐주어 감사하기 그지없었다.

송 진행 부문에서 세계 기네스 기록을 가지고 있는 강석 형님은 최고경영자 과정을 세 곳이나 함께 다니면서 더욱더 친해졌으며, 내가 매년 주최하는 VVIP CEO 골프대회 때마다 상당수 연예인을 초빙하여 늘 함께 해주시고 시상식 때도 마이크를 잡아 고객들한테 많은 즐거움과 웃음을 선사해주시는 참으로 고마운 형님이시다. 2009년 12월 코엑스에서 고려대학교 컴퓨터정보통신대학원 ICP 총교우회 송년회를 무지 크게 할 더 가수 장윤정 씨가 디너쇼를 하기도 했는데, 내가 강석 형님과 김혜영 누나를 사회자로 섭외해주었다. 강석 형님과 김혜영 누나도 내 행사가 있을 때 와서 축사나 건배사를 멋지게 해주시니, 두 분 다 나에게는 소중하고 고마우신 분들이다.

방송인 김종석 형님은 동국대학교 문화예술 CEO과정 1기에서 나와는 스승과 제자로 만났다. 나중에 알고 보니 고려대학교 컴퓨터정보통신대학원 두 기수 아래인 26기였고, 그 이후 교우회는 물론 여러 모임에서 함께하고 있다. 2013년 6월 알펜시아에서 개최한 제11회 VVIP CEO 초청 골프대회 때는 다른 일정도 취소하고 약 100명의 고객 앞에서 멋지게 사회를 봐주어 감사하기 그지없었다. 감사한 마음에 직접 운영하는 유치원으로 인사를 가기도 했는데, 결국 나한테 보험계약까지 하셨다.

지금은 항상 단골로 내가 주최하는 VVIP CEO 초청 골프대회의 메인 사회를 봐주신다. 언제나 고객들 앞에서 방송 프로다운 모습과 열정을 다해 매력을 발산하시고 성심성의껏 최선을 다해 행사를 진행하시는 김종석 형님을 보면서 '역시 프로는 다르구나'라는 생각을 자주 하게 된다.

김종석 형님은 그 바쁜 외중에도 남양주에서 이탈리아 레스토랑을 운영하시는데, 어느 날 불암중학교에 다니는 딸 혜린이가 학교 과제로 직업탐방 인터뷰를 하고 싶다고 해서 종석 형님께 요청했더니 흔쾌히 시간을 내주고 인터뷰에 응해주시면서 혜린이에게 용돈도 주시고 정말 좋은 말씀도 많이 해주신, 영혼이 참으로 맑고 진정으로 존경할 만한 형님이시다.

MBC에서 9시 뉴스 앵커를 맡으셨던 김세용 형님도 내겐 참으로 고마우신 형님이시다. 딸 혜린이와 아들 대훈이가 중학교에서 직업탐방 견학을 하고자 할 때 흔쾌히 요청에 응해주시면서 그 바쁜 시간을 우리 아이들에게 할애하시고 맛있는 점심까지 사주신 인간적인 정이 참 많은 형님이시다.

MBC 개그맨 출신인 추대엽, 오정태, 손헌수 씨는 아는 형님의 소개로 만나서 고객도 되고 나하고는 형님·동생으로 가깝게 지내는 언제나 열정이 넘치는 좋은 동생들이다.

연예인이란 직업이 수입이 일정하지 않아서 많은 금액으로 계약하지는 않았지만 내가 고객을 위해 여는 행사나 고객 자제분들 결혼식 날이면 거절하지 않고 달려와 사회를 보고 축가도 불러주니, 금액으로 환산할 수 있는 관계가 아니다.

인간관계의 폭을 넓히는 것은 보험계약을 늘리는 일보다 수백 배 중요한 일이다. 스스로 인간관계를 넓혀가는 FC는 보험계약 실적을 엄청나게 늘려가는 FC보다 몇 배 더 우수한 FC라고 생각한다.

계약보다 더 중요한 모임과 만남

라이온스클럽, 로터리클럽

연세노블병원 이사장이자 ㈜노블 대표인 조항진 대표님은 라이온스클럽에서 같이 활동한 이들 중 유일하게 나하고 인연을 맺으신 분이다. 내가 열심히 봉사하고 도움도 드렸더니 나에게 컨설팅을 받고 싶다고 해서 성심껏 응했는데, 큰 금액이 아니어서 오히려 미안하다고 하시면서 나중에 노인요양병원 분양이 잘 마무리되면 추가 계약을 진행하시겠다고 하니 그 말씀만으로도 감사한 좋은 형님이다.

2009년 고려대학교 컴퓨터정보통신대학원 ICP 총동문회에서 만나 서로 마음이 통해서 라이온스클럽과 로터리클럽에 가입해 활동하도록 권유한 정진회계법인 전이현 대표회계사님이 2013년 소개해준 법인 중 ㈜동인바이오텍 조길남 대표님이 있다. 이분도 법인에서 500만 원 정도의 종신보험을 계약했는데, 나 역시 주변 분들을 소개해 파트너십을 맺으면서 잘 진행하고 있다. 사모님도 회사에서 근무하는데, 정관을 변경해주고 차명으로 되어 있는 등기임원을 정리하면서 주식 가치를 조정해 일부를 두 아들한테 증여했다. 그리고 정관에 오너 임원에 대한 보상플랜을 만들어놓고, 법인에서 진행하는 플랜으로 연계해 계약을 진행했다.

이밖에도 전이현 형님께서 소개하시어 나하고 소중한 인연을 맺으신 ㈜네모파트너스FCG 최장춘 대표님과 최장춘 형님께서 소개하시어 역시 고객이 되신 ㈜네모파트너스 피플밸류 김문숙 대표님은 한 분의 소중한 인연으로 시작하여 인맥을 형성하고 또한 새로운 인연을 만들게 되신 좋은 분들이시다.

🔑 성동고등학교 총동문회

나는 고등학교 38회 동기회장을 4년간 맡으면서 기부활동 등 다양한 활동을 했다. 2013년에는 모교 발전기금을 냈고, 체육대회나 송년회 등 행사를 할 때마다 매년 물품이나 현금으로 기부를 해왔다. 그런데 총동문회 총무이사 일을 오랫동안 해왔던 문구, 팬시 관련 사업을 하시는 옴니버스 이종문 대표님은 고등학교 4년 선배에다 허시파피코리아㈜ 협력업체 모임에서 만난 주순업 선배와 동창이었다. 자연스럽게 VVIP CEO 초청 골프대회에 여러 번 초청하게 되었다. 그리고 시멘트 골재사업을 하시는 도원산업㈜ 김희충 대표님 역시 성동고등학교 4년 선배님으로 주순업 선배님을 통해 매년 내가 주최하는 VVIP CEO 초청 골프대회에 오

191

셨다가 나의 성실하고 열정적인 모습에 후배한테 법인컨설팅 및 보험컨설팅 모든 것을 맡기겠다고 하시면서 나하고 소중한 인연이 되신 분들이다. 나는 고등학교 동기들 중에서 고객이 된 경우도 전직 국회의원 김동성 변호사, 송명섭 변호사를 비롯하여 다섯 명이 채 안 되며, 고등학교 동문 선배님 중에서 유일하게 총동문회를 통해 나와 인연을 맺은 분은 이종문 선배님이 유일하다. 김희충 선배님과 허시파피코리아㈜ 협력업체 골프모임에서 인연을 맺기 시작한 주순업 선배님 등 세 분의 선배님이 어찌 보면 몇 안 되는 인연이지만 그래도 고등학교 동문 선배님들과 소중한 인연을 맺었다는 데서 늘 감사하게 생각한다.

🔑 성동구상공회 CEO과정 2기

성동구상공회 CEO과정에서는 ㈜네오피에스 안복희 대표님을 만나서, 안복희 대표님께서 태양섬유 조춘희 대표님, ㈜두손컴테크 이덕용 회장님을 소개해주셨고, 이덕용 회장님께서는 블루에프에이 김윤영 대표님, 스마트물류㈜ 권정국 회장님을 소개해주시어 오랜 시간 기다린 끝에 한 사람의 인연으로 시작하여 더 많은 인연을 만들게 된 좋은 계기가 되기도 하였다.

안복희 대표님은 2007년 성동구상공회 CEO과정에서 만난 분으로 내 고객 중에서 최초의 여성 CEO다. ㈜네오피에스는 '팜스프링스'라는 브랜드의 골프웨어를 생산하는 회사인데, 2007년에 안 대표님을 만났지만 5년 동안 기다리면서 다양한 컨설팅을 제공한 끝에 가업승계를 위한 상속세 재원 마련에 포커스를 두면서 법인에서 종신보험 500만 원 계약을 했다. 5년 동안 고객들을 위한 선물이나 VVIP CEO 초청 골프대회 행사를 할 때마다 수시로 기념품으로 고객들한테 선물하면서 안 대표님과 인연을 만들어가게 되었다. 특히 가족과 고객분들 선물용으로 많이 구입하면서, 내가 그분의 주요 고객이 되었다. 컨설팅과 관련된 내용 중 정관 변경을 최우선적으로 해주게 되었고, 마침 아들 두 분이 회사에 근무해서 가업승계에 깊은 관심을 가지게 되어 수시로 찾아뵙고 주식 가치가 저렴할 때 자녀에게 일부 주식을 이전하는 문제, 주식 가치 조정 방법, 임원의 퇴직금 및 유족보상금 활용 방안과 보상플랜 규정 정비, 가지급금 문제, 기업부설연구소 설립 문제 같은 세밀한 부분을 5년 동안 지속적으로 컨설팅하게 되었다.

이렇게 회사에서 반드시 필요한 각종 컨설팅을 차근차근 진행하면서 적절한 때가 다가오자 법인에서 500만 원짜리 계약을 했고, 몇 년 후에는 추가로 500만 원 계약을 증액하여 지금은 법인에서 총 1,000만 원의 계약을 유지하고 있다. 게다가 아들 둘, 며느리 둘, 조카 셋까지 모두 보험에 가입하도록 해주었다. 그러나 무엇보다 감사한 일은, 지속적으로 주변 사람들을 소개해주고 내 칭찬을 하는 것이다. "ING 생명 정인택을 만나봐라. 안 되는 게 없다." 이 얼마나 감사한 말인가.

안복희 대표님은 협력업체 '팜사모(팜스프링스를 사랑하는 모임으로 ㈜네오피어스 협력업체 골프모임)'에 나를 게스트로 초빙해주고, 협력업체인 ㈜두손컴테크 이덕용 회장님과 조춘희 대표님을 소개해주었다. 결국 안 대표님과 팜사모 회원들 간에 오랜 시간 다져진 신뢰 덕분에 조춘희 대표님과는 일찌감치 계약을 하게 되어 인연을 맺었고, 이덕용 회장님과도 잘 소통하고 법인컨설팅을 체계적으로 진행하면서 정관 변경 및 지속적인 컨설팅을 제공하면서 소중한 인연을 맺게 되었다. 이덕용 회장님 역시 법인에서 최초 가입을 하고 난 뒤 몇 년 후 추가로 증액을 하게 되었고, 결국 법인에서 600만 원 상당의 법인 종신보험 계약을 유지하고 계시는, 나에게는 소중한 분이자 고마우신 분이시다.

이 회장님은 또한 사모님께서 직접 운영하시는 의류회사 블루에프에이 김윤영 대표님을 소개해주시어 컨설팅을 통해 정확한 보험 가입을 할 수 있도록 도와주었다.

이 회장님은 '좋은 인연을 맺으라'면서 옛 직장 선배이신 스마트물류㈜ 권정국 회장님도 소개해주었다. 권 회장님은 국내 및 국제 물류운송업을 하는 회사를 여러 개 운영하고 계셨는데, 이미 ING생명에 500만 원이 넘는 보험료를 납입 완료한 VIP 고객이었다. 그런데 오랜 시간 관리가 되지 않아서 우선 내게 기존에 가입한 계약의 관리를 맡기게 되었고, 이후 전문가한테 컨설팅을 체계적으로 받고 싶다며 내게 컨설팅을 의뢰해 운영하시는 여러 회사 정관부터 새롭게 바꿔주면서 가업승계나 M&A 등에 대해 조금씩 얘기를 나누게 되었다. 권 회장님 역시 종합적인 법인컨설팅을 진행하면서 상속세 재원 마련에 초점을 맞추게 되었고, 그러한 과정에서 최초 계약 1년 후 추가로 증액하면서 법인에서 종신보험을 납입완료된 것 포함하여 1,500만 원 상당의 계약을 유지하고 계시는 고마운 형님이시다.

2014년 2월에 나는 기존 고객들 간에 새로운 비즈니스 인맥을 만들어드리기 위해서 신동호 형님, 이덕용 형님, 곽인효 형님, 권정국 형님 등과 일본 골프투어를 니가 전액 스폰해서 진행하게 되었다. 이곳에서 새롭게 의형제 인연을 만들게 되었으며 사업적으로도 서로 깊은 관심을 가지게 되었고, 특히 2세들의 혼사에도 많은 얘기를 나누고 통할 수 있는 공감대를 형성하게 되었다. 내가 주최하여 나하고만 알고 지내던 VIP CEO 고객들 간에 좋은 인맥을 만들게 하고 평생 함께할 수 있는 좋은 형님과 동생의 관계로 인연을 이어갈 수 있도록 인맥 연결 비즈니스를 수시로 진행하면서, 내 비즈니스를 고민하기 전에 고객들의 비즈니스와 각각의 한 사람 한 사람한테 어떠한 인맥을 매칭할지를 늘 고민하면서 상생하는 노력을 기울였더니 결국 고객들도 좋아하게 되고, 이분들의 사업과 인맥 확장에도 조금씩 도움이 되는 것 같다고 느끼게 되었다.

항상 내가 만나는 사람들마다 이러한 인맥 네트워크 연결에 대한 고민을 많이 하게 되다 보니 많은 분이 관심을 갖게 되었고, 내가 해마다 주최하는 VVIP CEO 초청 골프대회도 매년 관심도가 높아지게 되었다. 매년 새로운 분들을 나에게 소개해주려는 고객들도 많아지게 되다 보니 무엇보다도 인맥 네트워크를 통한 비즈니스에 투자하는 것이 결국 고객과 내가 하나 되는 그러한 공간에서 서로가 윈윈하기 위한 최고 무대를 연출할 수 있게 해준다는 생각이 들어 소중한 고객분들이 함께한다는 사실에 늘 감사한다.

내 인생에서 가장 소중하고 멋진 형님인 신동호 형님을 만난 과정이기도 하다.

㈜씨엠엔텍 제성호 회장님, MBC 김세용 국장님, 이재각 장군님, 이태종 판사님, 남기봉 회계사님, ㈜삼유티에스 김민석 대표님, 김성한 대표님, 신영숙 대표님, 한인선 원장님, 이지원 누나, 홍모니카 회장님 등 좋은 분들을 많이 만나게 되어 아주 기억에 남는 최고경영자과정 중 하나였으나 더는 과정이 운영되지 못하는 아쉬움도 있다.

특히 MBC 라디오 '싱글벙글 쇼'의 강석 형님, ㈜유신테크 김용근 대표님과는 순천향대학교 건강과학 CEO과정 14기에 이어 다시 함께 이 과정을 다니게 되면서 더욱더 각별한 사이가 되었으며, 내가 매년 주관하는 VVIP CEO 초청 골프대회의 단골 사회를 봐주시는 방송인 김종석 형님을 만나게 된, 나에게는 의미 있는 최고경영자과정이다.

김종석 형님은 이 과정에서 스승과 제자로 만나 나와 소중한 인연을 맺었으며, 내가 주최하는 행사에 매년 오셔서 멋지게 사회도 봐주시고 소중한 고객도 되셨다. 특히 내 딸 혜린이가 불암중학교 1학년 때 직업탐방 인터뷰를 해야 했을 때 기꺼이 응해주시고 인생의 멘토가 되어주신, 영혼이 맑고 아름다운 아주 고마운 형님이시다.

MBC '싱글벙글 쇼'를 진행하는 강석 형님은 나와 오랜 시간 인연을 맺으면서 항상 내가 하는 일에 관심도 가져주시고 골프대회에 매년 오셔서 즐거움을 선사해주시는 좋은 형님이시다. 방송사상 단일 프로그램에서 가장 오랫동안 진행하시는 세계 최장수 기네스 기록을 가지고 있는 프로그램 진행자이신데, 그 역사가 무려 30년이나 되었다.

㈜씨엠엔텍 제성호 형님과 한인선 누나, 신영숙 누나, 이재각 장군님, 남기봉 회계사님 등 좋은 분들과의 오랜 인연이 결국 고객으로 이어지게 되었고, 꾸준히 포기하지 않고 인내하며 기다리는 기다림의 미학에서 멋진 인연과 새로운 인연을 이어갈 수 있다는 놀라운 사실을 터득한 좋은 인연을 많이 만들게 된 소중한 모임이다.

㈜유신테크 김용근 대표님은 2009년 순천향대학교 건강과학 CEO과정 14기에서 만나 함께 공부했으며, 동국대학교 문화예술 CEO과정 2기에서도 같이 활동했다. 김 대표님은 누님이 다른 보험회사에 다니는데도 법인과 관련한 컨설팅은 전문가에게 자문해야 한다고 하면서 정관 변경 및 법인 오너에게 필요한 전반적인 컨설팅 자문을 부탁하시어 진행해 드리며 소중한 인연을 맺게 되었는데, 화끈하고 의리를 중요하게 생각하시는 진정한 사나이 중 사나이 형님이시다. 비록 큰 금액으로 계약하지는 못했지만 조금도 아쉬움이나 부족함을 느끼지 못할 정도다. 나와 인연을 맺고 자문을 받고 싶어 하는 것만으로도 감사해하고 있다.

이 과정에는 순수하고 좋은 분들이 많이 계시어 계약 여부를 떠나 소중한 인연을 오래도록 이어가고 있다. 그분들하고 좋은 인연을 만들면 향후 더 좋은 인연을 만들 수 있을 것 같은 생각이 들기도 하며, 향후 더 많은 기회가 있지 않을까 생각한다. 좋은 분들은 지금 당장 계약하지 않더라도 인연을 계속 이어갈 수 있도록 노력해야 한다는 것이 나의 오랜 신념 중의 신념이기도 하다.

㈜위더스PMD 임채성 대표님은 2007년 고려대학교 도시개발 CEO과정 4기에서 만난 분으로, 원래 한국개발연구원 교수님이었다. 학교를 떠난 후 ㈜위더스PMD를 창업했는데, 참 좋은 분이라 여러 번 찾아가 컨설팅 플랜을 설명했다. 나중에 알고 보니 고향 선배님이셨다. 결국 지속적인 믿음을 이어가며 컨설팅과 관련된 내용을 계속 제시하니, 회사를 설립한 지 얼마 되지 않았는데도 법인과 관련한 전반적 컨설팅 자문을 흔쾌히 부탁하셨고, 소중한 인연을 맺고 있으며, 지금도 형님·동생하면서 잘 지내고 있다.

㈜정우이엔씨 이종협 회장님도 고려대학교 도시개발 CEO과정 4기 멤버로 만나서 4년간 지속적인 컨설팅 자문을 해오면서 인연을 맺게 되었다.

나는 대학원 최고경영자과정에 가서도 바로 무언가를 얻으려고 하기보다는 어떤 분들이 평생을 함께할 수 있는 좋은 인연을 만들어갈 수 있는 인품과 성품을 지녔는지를 먼저 파악하여 그분들과의 지속적인 만남과 교류를 통한 컨설팅 기법을 추구한다. 좋은 사람들하고는 무엇을 하더라도 마음이 편하고 서로 도움을 주려고 노력하며 배려하는 모습이 눈에 선하기 때문이다.

고려대학교 도시개발 CEO과정 4기 모임은 아쉽게 사라졌다. 하지만 그때 만난 인연과 필연은 사라지지 않았다. 그 안에서 좋은 사람들을 만나 지속적으로 소통하고, 찾아가서 컨설팅 플랜을 제시하면 언젠가는 인연을 맺게 되어 있다.

모임은 없어졌지만 이종협 회장님과 임채성 형님도 바로 고려대학교 도시개발 CEO과정 4기에서 좋은 사람들과 지속적으로 소통하고 컨설팅 자문을 하다가 소중한 인연을 맺게 된 대표적인 사례이다. 이것이 내가 항상 인내하면서 성품이 좋은 분들과 인맥 쌓기에 열을 올리는 이유이다.

고려대학교 컴퓨터정보통신대학원 ICP 24기에서는 좋은 분들을 많이 만났다. ㈜골든포우 심진섭 회장님, 신풍PI㈜ 기세만 회장님, ㈜아디피엔 이성은 대표님, ㈜HKI스틸 박상수 대표님, ㈜동양정공 권인혁 대표님, ㈜효신디자인 문일동 대표님, 이동준 변호사님, 최영룡 변호사님, 최병기 치과 원장님, IRE KOREA㈜ 최상열 대표님, ㈜나우스 김학준 대표님, 김형수 회장님, ㈜세화피앤씨 구자범 대표님, MBC 라디오 '싱글벙글 쇼'의 진행자 방송인 김혜영 누나, 가수 김상배 형님, 제왕라사 최정근 대표님, 김기현 형님, 길택진 형님, 국악인 안소라 누나, 임권수 변호사님, 유종완 검사님, 송완용 전 전라북도 정무부지사님, 이건수 형님, 이상복 형님, 김성만 전 KT 부사장님, 이상의 전 합참의장님, 이초영 누나, 장경아 누나, 홍대유 서울경마장 조교사님, 허혜경 교수님, 이홍저 회장님 등 워낙 좋은 분들이 많이 계신 모임인데, 사무총장도 5년이나 맡았을 정도로 애착이 많은 모임이다.

이곳에서는 사무총장을 맡아 모임을 이끌어가면서 좋은 분들을 사귀기 시작하였으며, 시간이 지날수록 역시 좋은 분들하고는 특별한 컨설팅을 통해 고객으로 인연이 되기도 하고, 그 인연으로 새로운 인연을 만들어가기도 했다. 좋은 분들이 많이 계시는 모임으로 비록 많은 분을 고객으로 만들지는 못했어도 좋은 인연을 계속 만들어가고 있으니 언젠가는 더 좋은 인연으로 이어질 희망이 있어 행복한 모임이다.

자동차 부품을 수입 및 유통하는 ㈜스캔코와 자동차 정비업을 하시는 ㈜이레서비스 박정수 대표님은 고려대학교 컴퓨터정보통신대학원 ICP 24기에서 만난 이성은 대표님의 영동고등학교 후배인데, 이 대표님이 2013년 6월 알펜시아에서 개최한 VVIP CEO 초청 골프대회에 초청하면서 소개를 받았다. 골프대회가 끝나고 얼마 뒤 찾아갔는데, 법인이 두 개나 있는데도 정관이 제대로 되어 있지 않고 다른 회사에 보험만 가입되어 있었다. 나는 곧바로 법인컨설팅과 관련한 정관을 세심하게 변경해준 후 등기임원으로 대표님과 사모님을 등재하고, 그에 대한 보상플랜을 컨설팅했다. 법인등기부등본상에 차명 등기임원이 등재되어 있는 상태에서 모두 정리하고 실제로 대표님과 사모님 명의로 등기임원으로 등기를 해드리면서 법인 오너 보상플랜을 정관에 반영하고 상속세 재원 마련 플랜으로 컨설팅을 진행하여 소중한 인연을 만들었다. 나 또한 내 차의 수리·정비를 맡기고, 고객분들이 서비스를 받도록 연계해주고 있으니, 소중한 고객과 고객의 인연이기도 하다.

2008년 고려대학교 컴퓨터정보통신대학원 ICP 24기에서 만난 박상수 대표님의 ㈜HKI스틸은 철강 플랜트 부문 원자재를 수입해서 국내 건설사에 납품하는 회사다. 박 대표님은 젊은 나이에 사업을 시작하여 건실한 기업으로 성장시켰으며, 올 초에는 서울 강남에 15층짜리 건물도 신축하여 오랜 숙원인 서울 강남 한복판에 사옥을 마련하게 되었다.

박상수 형님하고는 동향으로, 만난 지 만 6년 만인 2013년에야 비로소 내 고객이 되었다. 업종 특성상 해외출장이 워낙 많아서 쉽게 만나기도 어려운 분인데 정관 변경 및 상속증여세, 그리고 세금과 관련한 여러 가지 사항을 자문해드리면서 고객이 되었으니, 오래 준비된 인연이고 그만큼 오래갈 인연이다.

법무법인 한별 최영룡 대표변호사님도 2008년 고려대학교 컴퓨터정보통신대학원 ICP 24기에서 만났는데, 사법연수원 교수에다 수석부장판사까지 지낸 뒤 변호사 개업을 했다. 최 변호사님처럼 실력 있는 분들과 인연을 맺다 보니 법률이나 세무회계 등으로 인적 네트워크를 형성할 수 있었다.

좋은 분들을 많이 만나기 위해서는 스스로 모임의 발전과 소통을 위해 주도적인 노력을 기울여야 하고, 그러한 노력 없이는 좋은 인맥을 만들어갈 수 없다는 평범한 진리와 많은 깨달음을 얻게 된 것도 고려대학교 컴퓨터정보통신대학원 ICP 24기에서 거둔 소중한 교훈이다.

만 9년째인 지금도 애착이 가는 것은 바로 좋은 분들이 많이 계시고, 가끔 따뜻한 사람들과 막걸리를 마시며 사업 얘기를 나누면서 더 건설적인 말씀으로 하루를 채우고 싶은 그런 모임이기 때문이다.

🔑 서울대학교 공과대학 AIP 49기(최고산업전략과정)

서울대학교 공과대학 건설환경공학부 조재열 교수님과 기계항공공학부 박찬국 교수님은 2013년 입학한 서울대학교 공과대학 최고산업전략과정 49기에서 만났다. 워낙 성품도 훌륭하시고 인격적으로 존경받을 만한 두 교수님은 학교에 다닐 때도 늘 따뜻하게 대해주셨다. 나는 그런 두 분 교수님이 너무 좋아서 2013년부터 매년 VVIP CEO 초청 골프대회에 초청하게 되었고, 두 분 다 이곳에서 좋은 분들을 만나게 되어 너무 감사하다고 하시면서 보험컨설팅을 받게 되었고, 흔쾌히 내 고객이 되어주신 진심으로 고마우신 분들이다. 또한 내 아이들한테도 기꺼이 인생의 멘토가 되어주시겠다며 언제든 학교에 데리고 오라고 하셨다. 나는 공부도 하면서 이렇게 훌륭한 교수님들께서 내 고객이 되었다는 것이 너무도 행복하고 감사할 따름이다.

조 교수님은 나하고 동갑이라서 이제는 친구처럼 편하게 지내고 있으며, 박 교수님과는 형님·동생으로 호형호제하는 사이가 되었다. 지속적인 소통과 골프, 학교 방문 등을 통해서 좋은 친구, 좋은 형님이 되었고 내 고객이 되었다. 사실 대학 교수님들과는 계약하기가 어렵다. 그런데 소통하면서 인연을 맺자 주변에 있는 분들을 지속적으로 소개해주고 있다. 정말 고맙고 감사한 분들이다. 두 분은 서울대학교 교수님 중 처음으로 내 고객이 되었고, 최고경영자과정에 입학했던 교수님들 중 방송인 김종석 교수님 다음으로 계약하면서 고객이 되신 분들이시다.

우평코리아㈜ 권기욱 회장님, ㈜JTK 조원동 회장님, ㈜알파비전 송주동 회장님, ㈜삼진테크 최치영 대표님, ㈜에이스씨엔텍 장덕흠 대표님, ㈜화성기연 장진영 대표님, ㈜알알이푸드 윤지영 대표님, 한국스파이렉스사코㈜ 문병수 전무님, 대한항공 이병호 부사장님, 인천국제공항공사 이상규 건설본부장님, 박정서 변리사님, 김영문 변호사님 등 공기업과 대기업, 그리고 오너경영을 하시는 훌륭하고 대단한 분들이 많이 계시어 항상 인생 멘토로 섬기면서 배우는 자세로 지속적인 열정과 많은 애착을 가지고 있는 대표적 최고경영자과정의 하나이다.

비록 아직까지 두 분 교수님 외에 고객으로까지 인연을 맺은 분들은 안 계시지만 언젠가 더 좋은 인연으로 다가올 거라는 믿음이 있다. 매년 골프대회에 이분들을 초청해 인맥 네트워크를 만들어가면서 내 진면목을 보여주면 함께한 분들 중 상당수는 결국 내가 하는 컨설팅에 관심을 가질 것이고, 그러한 관심이 언젠가는 좋은 인연으로 연결될 가능성이 단 1%라도 있는 한 나는 지속적으로 사람에 투자하는 일들을 계속할 것이기 때문이다.

내가 좋은 인맥에 꾸준히 투자하면서도 결국 지금 당장보다는 좀 더 길게 보면서 내 미래에 투자한다는 생각으로 하니 마음도 한결 편해지고 더 좋은 결실을 얻게 되는 것 같다.

🔑 순천향대학교 건강과학 CEO과정 14기

2009년 순천향대학교 건강과학 CEO과정 14기에는 건강에 관심이 많고 은퇴를 거의 앞둔 CEO분들께서 많이 오셨다. 그중에서도 비교적 젊은 층에 속했던 ㈜베스텍 장세용 회장님, 유씨티코리아㈜ 안붕혁 회장님, ㈜유신테크 김용근 대표님, ㈜건교산업 정구선 대표님 등과 전문적인 법인컨설팅 자문을 통해 인연을 맺고 있다.

이분들한테는 공통적으로 법인 오너 CEO 보상플랜과 정관 변경, 가업승계 및 가업상속, 상속세 및 증여세 절세, 비상장주식평가 자문, 명의신탁 주식 환원 문제, 가지급금 상환 문제, 특허를 활용한 직무발명보상금 컨설팅, 그리고 국내 및 해외 M&A까지 그야말로 방대한 컨설팅 자문을 지속적으로 해드리면서 소중한 인연을 맺게 된 경우가 많았다. 짧게는 만 3년에서 길게는 만 7년이 지난 시점에서 이러한 전문적 컨설팅을 지속적으로 하면서 고객으로 인연을 맺게 되었으니 FC로서 법인컨설팅을 전문적으로 한다는 것은 최고의 지식으로 무장한 다음, 오랜 기다림과 인내, 그리고 시간과 사람에 대한 투자를 생각하지 않고는 얻을 수 없는 소중하고 값진 자산이라 생각한다.

이 모임에서 생각했던 것 중 한 가지는 시간이 흘러도 길게 보고 기다리며 인내하고 인연의 끈을 놓지 않으면서 진정한 컨설팅을 진행하는 게 내 의무라는 것이다.

지금도 사무총장으로 모임을 주도적으로 진행하는 나는 40대 중반에 막내로서 팔순을 바라보는 회장님들과 함께 모임한다는 것만으로도 큰 영광으로 생각한다. 그분들께서 산업화 시대에 이루어놓은 기업 가치와 브랜드를 어떻게 합리적으로 절세하면서 다음 세대에 가업승계를 통한 장수기업으로 성장할 수 있도록 할지 돕는 일을 한다는 것이 항상 자랑스러울 따름이다.

🔑 경희대학교 석사과정

1998년 경희대학교 석사과정에 다닐 때 만난 ㈜헤르시아, ㈜넥슨화장품 박상기 대표님은 처음엔 시계 제조 수출을 하다가 시계 사업은 동생에게 맡기고 본인은 화장품과 헬스케어 쪽의 제조와 수출 쪽으로 업종 전환을 해서 성공한 대표적인 분이시다.

박 대표님과는 동향으로 형님·동생하면서 더욱더 친해지게 되었으며, 내가 20대 후반에 석사과정을 다닐 때 처음 만나 지금까지 인연을 맺고 있으니 20여 년 동안 인연을 만들어가고 있는 것이다.

1998년 처음 만나 10년이 훨씬 지나서 고객으로 인연을 만들었고 내가 주최하는 VVIP CEO 초청 골프대회에는 단골로 화장품 등을 협찬해주셨으며 나 역시 수시로 고객들이나 지인들 선물할 때도 우선적으로 박상기 형님 회사 제품을 이용하고 있다. 오랜 시간 다져온 형님과의 인연으로 고려대학교 ICP 및 코트라 글로벌 CEO과정도 함께 다닐 정도로 아주 편안하고 무언가를 항상 함께하고 싶은 좋은 형님이시다. 또한 가업승계를 염두에 두고 자녀 앞으로 새로운 법인을 만들어 단계별로 합병하여 가업승계를 원활히 진행하는 플랜, 정관 변경, 명의신탁 주식 환원, 주식 가치가 하락했을 때 주식으로 가업승계를 하기 위해 증여하는 문제 등 전반적인 컨설팅을 10년 넘게 하면서 어느덧 때가 되자 인연을 맺으신, 항상 편안하게 해주시는 형님이시다.

해외 수출기업으로 오랜 시간 해외 시장 개척에 많은 공을 들이시어 지금은 베트남 시장에서 많은 노하우를 가지고 있으며, 내 딸 혜린이와 아들 대훈이가 초등학교 때부터 중국 본토에서 오신 중국어 선생님한테 과외를 받았는데, 선생님께서 어느 날 화장품 사업을 하신다기에 박 대표님을 소개하여 이제는 중국 시장 진출에도 많은 활력을 얻을 수 있을 것 같다.

결국 이런 인맥 네트워크를 통해 나의 소중한 사람들끼리 서로 비즈니스를 연결해준다는 것으로도 나는 또 한 번 FC Job에 큰 보람을 느끼게 된다.

이밖에 경희대학교 석사과정의 인연은 조영숙 간호사님, 이세준 대표님, 서의석 회장님, 서유성 선배님, 최숙자 선배님, 유경희 간호사님, 오세덕 대학원장님, 이기종 주임교수님, 유정순 대표님 등으로 이어졌다.

특히 경희대학교 대학원 석사과정 재학 중 국군덕정병원에서 간호장교(대위)로 근무하면서 사회복지학과 석사과정에 입학한 아내를 만나 결혼했기에 더욱 내 인생에서 평생 동반자를 만난 곳이자 많은 추억이 남아 있는 곳이기도 하다.

썬에스지엠㈜ 곽인효 대표님과 윤진희 이사님은 2014년 여름 유정순 대표님의 소개로 만났다. 두 분이 회사에서 여러 가지 기술 카피 문제로 애로를 겪고 있을 때 나는 법률적인 문제들과 기타 회사에서 발생한 여러 가지 일에 대해 성심성의껏 자문하면서 인연을 만들기 시작했다.

그리고 약 6개월이 지난 후 애로사항이 해결되자 '그때 도와줘서 정말 고마웠다'고 하시면서 법인에서 필요한 컨설팅을 받아야겠다면서 정관 변경, 명의신탁 주식 문제, 가지급금 문제, 세금 문제 등에 대해 자세하게 상담하게 되었다. 형님과 누나는 기존에 이미 ING생명에 500만 원 정도 납입 완료된 보험도 가지고 있었지만 회사가 어려움에 처했을 때 아무 조건도 기대도 없이 6개월간 도와주며 자문해줘 고맙다며 법인컨설팅을 받고 난 후 여러 번 추가 계약을 하셨다. 지금은 법인에서 매월

1,500만 원이 넘는 금액을 납입하시는 나의 열렬한 VVIP CEO 고객이자 주변 분들에게 많이 소개도 해주시고 정도 많으시며 마음이 따뜻한 형님과 누나이시다.

내가 곽인효 형님과 윤진희 누나를 소개받을 수 있었던 것은 20년이 지났어도 한결같이 매사에 성실한 내 모습을 유정순 누나께서 봐오셔서 모든 가족 보험을 나에게 의뢰하신 덕분이다. 그리고 또 누나 주변에 계신 곽인효 형님을 소개해주시어 이렇게 좋은 인연이 되었으니 결국 사람한테 기억되는 그 사람의 좋았던 처음 이미지가 오랜 시간이 지나도 변하지 않는 한 그러한 인맥은 사람을 배반하지 않는 것 같다.

🔑 을지로 방산시장

㈜정일포장산업 정일권 대표님은 허시파피코리아㈜ 협력업체인 고영득 대표님의 소개로 만나서 인연이 된 을지로 멤버 중 한 분이다. 2013년 5월 알펜시아CC에서 개최한 VVIP CEO 초청 골프대회에 1박 2일로 참가했다가 1년 만인 2014년 초 상담을 진행했다. 법인사업을 하는데 가업승계와 관련된 주식 이전 문제, 임원에 대한 보상플랜, 차명으로 되어 있는 등기임원과 명의신탁 주식 이전 문제, 상속세 재원 마련 등에 대한 컨설팅 플랜을 짜서 2014년 3월 법인 종신보험으로 가입금액 20억 원, 월납 700만 원 계약으로 고객이 되었다. 다른 보험사에 보험을 많이 가입했는데도 정관의 보상플랜이나 구체적 컨설팅, 명의신탁 주식 환원 문제, 가지급금상환, 가업승계, 등기임원 정리 등에서 도움을 받지 못한 것

이 나와 인연을 맺게 된 이유였다.

방산시장에서 박스와 패키지 관련 사업을 하는 김정환 대표님은 나와 동갑내기로, 고영득 대표님, 김희수 대표님, 김진철 대표님, 윤평옥 대표님하고 친분이 많으셨고 그분들한테 소개를 받아서 보험컨설팅 상담을 진행한 후 고객이 되신 분이다. 특히 김 대표님은 나하고 인연을 맺은 지 약 6개월 만인 2014년 여름 백혈병 진단을 받은 뒤 항암치료를 받으면서 잘 견뎌내고 치료를 받고 있는데, 나하고의 인연으로 ING생명 CI 종신보험을 통해 보장 혜택을 일부 받게 되어 다행으로 생각하고 있다.

장성기 대표님이 소개해준 ㈜동양레스 이봉우 대표님의 경우, 동대문에서 오랫동안 의류부자재 사업을 해오면서 탄탄하게 회사를 성장시켰는데, 법인과 관련하여 몇 가지 정리할 문제가 있었다. 차명으로 되어 있는 등기임원을 우선 정리하고 배우자와 자녀들 중심으로 등기임원을 등재하게 하였고, 명의신탁으로 되어 있는 주식을 가업승계를 대비하여 주식 가치 평가 후 두 아드님 앞으로 양도해 이전하게 해주었다. 또 기타 정관에 오너 임원에 대한 전반적인 보상플랜 및 정관에 대한 전면 개정을 거쳐 향후 원활한 가업승계 및 상속 문제를 대비할 수 있도록 자문하였는데, 2014년 초 가입금액 20억 원, 월납 700만 원 정도의 법인 종신보험을 가입하게 되었다.

방산시장에서 비니루 사업을 하시는 수정비니루 김진철 대표님은 고영득 대표님이 소개해주었다. 김진철 대표님은 나중에 알고 보니 내가 졸업했던 시골 갈담초등학교 동창하고 고등학교 동창이었다. 그런 인연이 있으니 보험계약보다도 오랜 친구를 만난 것 같아 더 기뻤다.

고영득 대표님과 맺은 아름다운 인연을 시작으로 다산팩㈜ 윤평옥 대표님과 김진희 전무님, 김태윤 상무님, ㈜영일패키지 장성기 대표님 ㈜대영합성 김희수 대표님, 쾌경비니루 박창규 대표님, 보광당 한의원 권창현 원장님, 최화범 대표님, 삼진씨링특수인쇄 김창오 대표님, 신한 고주파 김용석 대표님, 명일화학 강정현 대표님, ㈜삼정종합패키지 황호인 대표님, ㈜정일포장산업 정일권 대표님, ㈜동양레스 이봉우 대표님, 김진철 대표님, 김정환 대표님 등이 방산시장에서 인연을 맺은 분이다. 이렇게 을지로 방산시장 인근에 15명이 넘는 고객을 만들 수 있었던 원동력은 이분들과 지속적으로 소통하기 위해 골프에도 초대하고 식사도 자주 함께하면서 많은 친분과 정을 나누고 자연스럽게 컨설팅을 진행한 덕분이다. 또한 서로 친분도 워낙 두터운지라 고객이 되신 분들께서 주변에 계신 분들한테 내 소개와 홍보를 잘해주시어 그만큼 많은 분을 고객으로 모실 수 있었다.

사람에게 투자하고 전문적인 컨설팅 지식으로 많은 열정을 기울이게 되면 결국 고객들이 진심을 받아주게 되고, 나와 맺은 인연을 행복하게 생각하는 분들이 많아지게 되는데, 특별히 방산시장 사람들은 구전효과가 대단했다. 이미 고객이 되신 분들께서 나에 대한 평가를 아주 좋게 해주시어 인연을 맺게 된 걸 감사하게 생각한다는 말씀을 많이 듣게 되었다. 그래서 나는 방산시장에서 인연을 맺은 분들한테 지금도 특별히 감사하게 생각한다.

🔍 허시파피코리아㈜ 협력업체

10여 년 전 나는 허시파피코리아㈜ 정윤수 회장님과 조병주 전무님을 소개받아서 꾸준히 관리하고 법인컨설팅을 통해 매년 조금씩 증액한 끝에 지금은 법인에서 월납 6,000만 원이 넘는 금액을 납입하는 최고의 VVIP CEO 고객으로 인연을 만들 수 있어서 행복하고, 나 스스로도 대단한 인연으로 생각한다. 내가 많은 인맥에 투자할 수 있도록 영감을 많이 얻은 것도 대표적으로 허시파피코리아㈜ 협력업체 모임과 협력업체 대표님들과 끈끈한 네트워크를 잘 활용했기 때문이다. 허시파피코리아㈜는 본사와 협력업체 대표님들과의 연결고리나 유기적 관계가 인간적인 정으로 똘똘 뭉쳐 있는 대표적인 상생 기업 파트너들이었다. 그래서 이분들과 상대적으로 더 쉽게 친해질 수 있었고 더 편하게 다가설 수 있었다. 나는 항상 좋은 사람에게 투자하는 것은 미래에 투자하는 가장 쉬운 방법이라고 생각해왔다. 내가 지금까지 만났던 수많은 좋은 인맥에 많은 시간과 비용을 투자하는 것도 결국 지금 당장 무엇을 얻기보다는 미래를 위한 투자나 마찬가지였던 것이다.

㈜대화물류 유관열 대표님은 허시파피코리아㈜ 물류담당 협력업체로서 협력업체 모임에서 만나게 되었고, 허시파피코리아㈜ 본사에서 수시로 정윤수 회장님과 조병주 전무님과 함께 미팅하면서 친분을 쌓아가게 되었다.

자연스럽게 회사에 찾아가게 되었고 경영하는 회사가 여러 개 된다는 사실도 알게 되었다. 그런데 법인 정관을 살펴보았더니 임원 보상플랜이 체계적으로 준비되어 있지 않았다. 과거 부동산 시행업을 하면서 가지고 있던 ㈜서연씨엠씨라는 회사는 고령인 부친과의 자금 대여 문제로 향후 상속이 발생했을 때 여러 가지 세금 문제 등이 걸려 있었으며, 두 회사 차명주식으로 되어 있었고, 등기임원도 일부 차명으로 되어 있었다. 또 부친께서 보유한 부동산 등으로 상속세 등에 대해서도 일부 준비하지 않으면 안 되는 상황이었다.

나는 기존의 정관을 받아 세밀하게 변경하고 명의신탁과 관련된 주식 문제, 자녀들에 대한 상속·증여 관련 문제, 부친 명의로 된 부동산이나 주식 정리 문제 등을 컨설팅했다. 결국 유 대표님도 '정인택을 통하면 안 되는 게 없다'는 믿음을 가지고 전적으로 내게 맡겨 항상 궁금하거나 세금 문제 및 법인컨설팅 등과 관련해서는 언제든 전화하면서 컨설팅 상담을 하고 계신다. 법인과 가인에서도 이러한 상속세 재원 마련 및 퇴직 플랜 재원 마련을 위해서 나하고 소중한 인연을 맺고 계신다.

유 대표님은 2014년 6월 강원도 파인리즈CC에서 개최한 VVIP CEO 초청 골프대회 때 친구인 오디오기기 및 음향기기를 전문적으로 제조·시공하는 회사를 운영하는 ㈜시그마전자 정도용 대표님을 초청하였다. 나는 그다음 달 정 대표님 사무실로 찾아가 미팅하면서 대한민국 모든 기업이 고민하고 있는 몇 가지 문제를 하나하나 해결해가기로 하고 체계적인 법인컨설팅을 진행하게 되었다. 정도용 대표님은 영업을 담당하시고, 배우자이신 전효숙 감사님께서 회사 내부 살림을 감당하시어 실질적 컨설팅은 전효숙 감사님을 통해 차근차근 풀어나가게 되었다.

기업부설연구소 설립, ISO 9001/14001 인증, 가지급금 상환, 명의신탁 주식 회수, 법인임원 보상플랜, 차명 등기임원 정리, 저평가된 주식 일부 자녀 증여, 법인 정관 전면 개정 등을 자세하게 컨설팅했다. 그 결과 2014년 여름 법인에서 종신보험으로 30억 원짜리 월납 1,000만 원 계약을 하게 되었고, 이후에도 꾸준한 관리를 통해 추가 계약을 해서 지금은 법인에서 매월 1,300만 원을 납입하고 계신다. 정윤수 회장님과 조병주 전무님, 그리고 유관열 대표님과 정도용 대표님은 내 고객이 되었다는 기쁨보다는 무엇보다도 내 진가를 알아봐주시어 주변 사람들에게 널리 소개해주시니 그저 감사할 따름이다.

이밖에 허시파피코리아㈜ 협력업체의 인연으로는 제일 먼저 신발 부자재 사업을 하시는 애드피아 고영득 대표님을 빼놓을 수 없고, 허시파피코리아㈜ 신발 제조 협력업체인 ㈜명신기업 정용철 대표님, ㈜삼일제화 김용재 대표님, ㈜한마음제화 서재현 대표님, ㈜아산제화 이명진 대표님 등도 체계적인 법인컨설팅 플랜을 통해 모두 고객이 되셨다. 이명진 대표님은 개인사업에서 세금 문제에 대해 고민을 많이 하시어 결국 법인으로 전환을 시켜드리게 되었고, 여기저기 협력업체들도 많이 소개해주셨다. 특히 세란병원 응급의학과에 근무하는 조카 한은아 과장님도 소개하시어 고객으로 인연을 맺게 되었다.

가죽원단 사업을 하시는 ㈜민트앤블루 강성학 대표님도 협력업체 모임에서 만났으며, 오랜 시간 기다린 끝에 조병주 전무님께서 소개하시어 법인컨설팅을 정관 변경부터 차분하게 진행해주면서 계약하게 되었다. 강성학 대표님은 신발 제조업을 하시는 박병환 대표님과 ㈜제이앤디글로벌 장창주 대표님을 소개해주시어 그분들하고도 인연을 맺게 되었다. 박병환 대표님은 신발 수선업을 하는 지영산업 박성택 대표님을 소개하시어 역시 인연을 맺었고, 박성택 대표님 또한 자주 인사드리다 보니 바로 위층에서 사업을 하시는 ㈜크레데레 이해종 대표님과 고은옥 이사님을 만나 법인컨설팅을 진행한 끝에 정관 변경 및 주식이전 등의 플랜을 진행하면서 고객으로 인연을 이어가게 되었다. 신발 및 지갑, 가방, 벨트 등 전국적으로 100개가 넘은 매장을 가지고 있는 ㈜제이앤디글르벌 장창주 대표님 또한 제대로 된 법인컨설팅을 한번 받아보고 싶다며 흔쾌히 나를 만나셨고, 정관 변경부터 상속세 재원 마련, 은퇴자산 마련 등과 관련하여 보험을 통해 준비할 수 있도록 제안함으로써 결국 고객이 된 경우이다.

가죽 원단 사업을 하는 ㈜마니엘티와 ㈜레더필의 김형철 대표님 또한 허시파피코리아㈜ 협력업체 모임에서 만나 고객이 되었는데, 두 회사의 법인 정관을 전면 개정함과 동시에 차명으로 되어 있는 등기임원과 차명주식 문제 등에 대한 솔루션을 제공하여 오랫동안 고민거리이던 부분을 해결해드리면서 자연스럽게 고객이 되신 분이시다.

김형철 형님은 이후 캘리포니아주립대학교 AMP 5기 과정에 함께 입학하여 최고경영자과정도 처음으로 해본다면서 좋은 분들이 계실 때마다 소개도 많이 해주시고 항상 나에 대해 최고라는 칭찬을 아끼지 않는 마음이 따뜻한 형님이시다.

고영득 대표님이 을지로 방산시장 멤버 15여 명과 계약하도록 물꼬를 터준 것처럼, 허시파피코리아㈜ 협력업체 모임에서는 정윤수 회장님과 조병주 전무님 덕분에 상당수 협력업체뿐만 아니라 유관기업들과도 인연을 맺을 수 있었다.

나는 이렇게 허시파피코리아㈜ 협력업체에서 만난 분들에게 골프 모임 때마다 일정한 시상품을 기부하고 내 모습을 드러내지 않고 성실하게 묵묵히 봉사하는 마음을 보였다. 또 성급하게 진행하지 않고 좀 시간이 지난 다음 내가 하는 일을 자세히 설명하면서 진정한 컨설팅을 하려고 했으며, 내가 직접 얘기하기보다는 나를 잘 아는 정윤수 회장님과 조병주 전무님께서 적극적으로 나를 추천하게 되니 자연스럽게 협력업체와 유관기업 대표님들께서 신뢰를 가지게 되었다. 결국 정윤수 회장님과 조병주 전무님처럼 적극적으로 나를 홍보해주실 수 있는 좋은 분들께서 함께하실 수 있었던 덕분에 협력업체 대표님들과 유관기업 대표님들을 고객으로 모실 수 있게 되었다.

그런 신뢰가 있기에 법인컨설팅과 관련해 내가 도움을 줄 수 있는 일이면 밤잠을 자지 않고라도 언제 어디서나 달려갈 준비가 되어 있다.

㈜비지아이커뮤니케이션 정남선 대표님과 주순업 이사님과도 그런 인연을 맺었다. 주순업 이사님과는 처음에 명함만 주고받은 후 1년 동안 잘 모르고 지냈는데, 알고 보니 서울 성동고등학교 4년 선배였다. 1년 동안 협력업체 골프모임에서 한 달에 한 번 만나는 정도였는데, 마지막 날 송년모임 때 그 사실을 알게 되었다. 주 선배님 회사가 ㈜비지아이커뮤니케이션인데, 이사인 선배님이 정남선 대표님을 소개해주었다. 이미 다른 보험회사에 법인으로 보험도 가입하셨기에 큰 기대를 하지 않았는데, 정관 변경부터 체계적인 컨설팅을 시작하고 명의신탁 주식 정리 및 가지급금 상환 솔루션 제공, 자기주식 취득 문제 컨설팅, 차명 등기임원 정리 등

상세하게 컨설팅을 진행하였다. 이후 내가 매년 챔피언이 될 수 있도록 많은 힘을 실어주셨는데, 주변 분들 소개도 많이 해주시고 법인에서 매년 추가 증액을 해서 지금은 2,000만 원이 넘는 금액을 가입하게 되었다.

역시 두 분에게 고마운 일은 추가 계약 약속 이외에 항상 주변에 있는 사람들에게 나를 소개하려고 많이 노력하는 것이다. 여기에 내가 VVIP CEO 초청 골프대회를 열 때마다 브로슈어·플래카드·배너·밴드 등을 무상으로 만들어주시니 항상 감사한 최고의 VVIP 고객이다.

정남선 대표님이 소개해 준 ㈜영화인쇄 김흥기 회장님도 2014년 여름 파인리즈CC VVIP CEO 골프대회에 부부 동반으로 와서 성실한 나 모습에 감동해 어느 날 나를 집으로 초대한 뒤 여러 가지 컨설팅 상담을 해서 결국 2014년 여름 그객이 되셨다.

합성피혁 제조 및 도소매업체인 ㈜미주아이디어 고은택 대표님과 고지환 부사장님 형제분은 허시파피코리아㈜ 협력업체 코임에 신규로 합류한 분들이다. 협력업체 모임에서 오랫동안 묵묵히 일한 나를 보고 컨설팅을 받기 시작했으며, 법인컨설팅 상담을 통해 2014년 12월 처음 고객이 된 후 두 번 증액한 끝에 지금은 법인에서 매월 1,000만 원이 조금 넘는 금액을 납입하고 계신다. 나는 지금도 수시로 주식 이전 문제, 법인 보상플랜, 세무조사 대응 상담 및 절세와 관련된 컨설팅을 해드리고 있다. 그 결과 처음 계약으로 끝나지 않고 두 번의 증액을 하게 되었으며, 기존에 인연이 있던 보험사 대신 나를 평생 동반자로 생각해주셨다.

그 이후 고은택 대표님은 수시로 주변 지인분들을 소개해주셨고, 2015년 11월 일본 마쓰야마에서 2박 3일 동안 개최한 VVIP CEO 골프

215

대회에도 오셔서 좋은 분들을 만나게 되어 무척이나 감사하다고 많은 분을 소개도 해주시고 추가 계약도 하게 되었다.

고지환 부사장님 또한 본인이 소속된 '팔오회' 골프모임에 나를 초대하여 좋은 인맥을 만들어갈 수 있도록 많은 도움을 주고 계신다. 나는 '팔오회' 모임에 가서 점심 만찬과 고급 퍼터, 골프공 등을 협찬하면서 미래의 가망 고객에 대한 투자를 하게 되었으며, 2016년 6월 샤인데일 CC에서 열리는 상반기 제17회 VVIP CEO 초청 골프대회에 또다시 '팔오회' 멤버 20명과 그 배우자분들을 초청하게 되었다.

나는 늘 컨설팅을 하면서 사람보다 값진 자산은 없다고 생각한다. 내가 만나는 사람들이 나한테 무엇을 주기 전에 내가 그들에게 무엇을 줄지 항상 먼저 고민하고 투자했더니 결국 나의 소중한 자산이 되어 돌아온다는 사실을 깨달은 것이다. 나는 지금도 처음 만나는 모임에 가면 내가 먼저 밥을 산다. 좋은 사람에 대한 투자는 무엇을 하더라도 아깝지 않기 때문이다.

🔑 나의 가장 소중한 재산은 고객이다

모임과 만남에 모두 장소와 시간, 명칭이 필요한 것은 아니다. 그 사람과의 만남 자체가 하나의 소중한 이름이며 아름다운 소통의 시간이다.

나의 VVIP CEO 고객들은 대학원 최고경영자과정에서 만나 인맥을 만들다가 고객으로 인연이 된 경우와 그 안에서 소모임을 만들거나 새롭게 소개를 통해 인연을 맺은 경우 그리고 기존 고객들한테 지속적인 관리를 통해 추가 계약을 하거나 기존 고객들의 소개를 받아서 새롭게 인연을 맺은 경우가 대부분이다.

나는 또한 이러한 인맥을 만들기 위해 해마다 VVIP CEO 고객 및 가망 고객들한테 골프다 회나 문화행사를 통해 서로 인맥 네트워크를 만들어 비즈니스 연결까지 되도록 자연스럽게 해드리면서 나와 인연을 맺은 고객들끼리 무언가 시너지를 만들어갈 수 있도록 나름대로 최선을 다하고 있다. 그분들의 자녀들을 위한 인맥 만들기에도 나름대로 공을 들이고 있다. 이러한 인맥 만들기를 통해 2세들끼리의 중매도 적극적으로 하면서 VVIP CEO 고객들 사이에 또 하나의 인연을 만들어갈 수 있도록 중간에서 나름대로 매개체 역할을 하는데, 결국 10년 후 새로운 비즈니스를 위한 대비를 하는 셈이다.

내가 지금부터 얘기하는 고객들 역시 나와의 소중한 만남에서 법인 컨설팅에 대한 전문적인 지식과 신뢰를 줄 만한 성실성 그리고 사람에 과감히 투자하는 통 큰 배짱 투자를 보시고 나하고 무조건 인연을 맺어야겠다고 하시면서 고객이 되신 분들이다.

결국 전문성과 성실성, 신뢰, 과감한 투자로 상대방에게 필요한 인맥을 만들어줄 수 있는 방대한 인맥 네트워크를 형성해나간다면 좋은 사람들하고는 소중한 인연을 맺을 수 있을 것이란 확신이 들게 된다.

㈜그랑메딕스 김진우 대표님, ㈜카드뱅넷 조일형 대표님, ㈜에쓰씨네트 이계영·이병문 공동대표님, 굿플러스 경광 김승만 대표님, ㈜SNS e서비스 정경식 대표님은 만남 자체로 시작하여 충실하게 관계를 형성하고 내 인맥을 이분들한테 골프대회에서 보여드리면서 전문적인 컨설

팅을 통해 소중하게 인연이 되신 분들이다.

화장품 제조·유통과 의료기기 도소매업체인 ㈜그랑메딕스 김진우 대표님은 다른 보험사에게서 컨설팅을 받으려다가 내게 컨설팅을 받고 2012년 여름 법인에서 종신보험 가입을 하게 되었다. 차명 등기임원 정리, 차명주식 회수, 정관에 법인 임원에 대한 보상플랜 설정 등 전문적인 컨설팅을 통해 이후 추가 계약을 진행하여 법인에서 지금은 월납 500만 원이 넘는 금액을 납입하면서 항상 사업 잘해서 매월 가장 많은 보험료를 납입하는 넘버원 고객이 되고 싶다고 스스로 말씀해주시는 분이시다.

역시 핵심은 전문성과 법인컨설팅과 관련된 정확한 지식, 정관상 세밀한 보상플랜, 차명이나 명의신탁 등에 대한 지속적인 자문이었다.

김 대표님께서는 ㈜카드밴넷의 조일형 대표님도 소개해주었다. 조일형 대표님 역시 다른 데 보험은 많이 들었지만 정작 법인과 관련한 컨설팅을 제대로 받은 것 같지 않다고 하여 정관 변경부터 등기임원, 주식 정리, 오너임원 보상플랜 등과 같은 많은 컨설팅 등을 수시로 찾아뵙고 진행하게 되었고, 결국 2014년 여름 인연을 맺었으며, 기회가 될 때마다 주변 분들을 소개해주고 있다.

그 가운데 한 분이 건물 내부 통신공사 업체인 ㈜에쓰씨네트 이계영 대표님이다. 이 대표님과 소통하고 골프를 치면서 사업에 대해 얘기하다가 사무실을 방문했다. 이 대표님은 친구이자 고등학교 동창인 이병문 대표님과 공동대표로 함께 오랫동안 사업을 하고 있었는데, 정관에 임원 보상플랜을 마련하고 보수 지급 한도, 상여금과 성과급 규정, 공동사업에 대한 위험관리를 법인 종신보험을 통해 준비하도록 컨설팅한 후 2014년 여름 각각 법인 종신보험 350만 원씩 700만 원의 법인계약을 했다.

이계영 대표님은 골프도 상당히 수준급 실력이신데, 2015년 6월 88CC에서 개최한 제15회 VVIP CEO 초청 골프대회에서는 72타 이븐파로 메달리스트상을 수상하기도 하였다. 이계영 대표님은 비즈니스 파트너인 ㈜SNS e서비스 정경식 대표님, 굿플러스 경광 김승만 대표님을 소개해주셨는데, 세 분이 친한 사이였다. 김승만 대표님과 정경식 대표님은 처남 매부지간으로, 내가 골프 자리를 만들어 함께 컨설팅에 대한 얘기를 나눈 뒤 사무실로 찾아가서 컨설팅 플랜을 완성한 다음 계약을 맺었다. 김승만 대표님은 개인사업자에게 걸맞은 컨설팅을 진행해준 후 계약했는데, 매형인 정경식 대표님에게 계약하라고 지원사격까지 해주셨다.

이렇게 소개와 소개가 이어지면서 나는 새삼 깨달았다. 사람이 바로 재산이라는 것을 말이다.

경기도 화성의 ㈜현개케미칼 송기봉 대표님은 ING생명 내 다른 지점 FC와 조인 워킹을 통해 계약을 맺은 경우이다. 이미 보험계약을 많이 했지만 등기임원 교체, 정관 변경, 명의신탁 주식 회수 플랜, 가업승계를 대비한 주식이전 등에 대해 체계적인 컨설팅을 진행한 후 바로 법인 종신보험을 가입하게 되었다. 기존에 보험계약이 아무리 많아도 핵심적인 도움을 주면 언제든 새 고객으로 만들 수 있다는 나만의 신념이 잘 전달된 사례이다.

나는 그래서 아무리 기존에 보험이 많이 가입되어 있다고 해도 포기하지 않고 우선 찾아가서 새로운 진단과 컨설팅을 통해 적절하게 추가 가입을 할 수 있도록 도와주는 것을 지금도 마다하지 않고 적극적으로 하고 있다. FC는 대부분 기존에 보험 가입을 많이 했다고 하면 아예 포기하는 경우가 많으나 나는 무엇보다도 적절한 수준에서 필요한 보험을 가입했는지에 대한 진단을 내리고 정확한 컨설팅을 통해 우선 필요한 보험을 제안하는 것은 법인컨설팅 전문 FC로서 당연한 사명이라고 생각한다.

법인컨설팅과 관련해서는 멀리 울산에서도 후배 FC의 조인 워킹을 통해 정보통신공사업 및 전기공사업인 ㈜고려 주몽식 대표님과도 정관 변경 및 가업승계, 차명주식 환원, 상속세 재원 마련 플랜에 초점을 맞추면서 법인 종신보험으로 인연을 맺게 되었다.

㈜지엘컴 조중규 대표님 역시 후배 FC의 지인으로 조인 워킹을 통해 체계적인 정관 변경과 전문적인 법인컨설팅 플랜으로 고객이 되신 분이시다.

㈜플러스씨엔에스 최일학 대표님도 선배 FC님의 학교 후배이신데 조인 워킹을 통해 철저한 법인컨설팅 플랜으로 고객이 되셨다. 원래 보험을 싫어하셨는데 정확한 기업 진단과 정관 변경 및 컨설팅 플랜으로 결국 인연을 맺게 되었다.

경기도 양주에서 박스 제조업을 운영하시는 동명포장㈜ 황양숙 대표님 역시 후배 FC의 지인으로 부부가 함께 개인사업으로 회사를 운영하였는데, 소득 분산 및 절세 차원에서 법인으로 전환을 해드렸고, 여기서부터 정확한 법인컨설팅 플랜을 진행해드리면서 소중하게 인연을 맺게 된 분이시다.

경기도 성남에서 자동차 정비사업소인 쌍용자동자성남정비사업소

㈜를 운영하는 유광만 대표님 역시 후배 FC와 조인 워킹을 통해 체계적인 정관 변경부터 명의신탁 주식 회수 및 차명 등기임원 정리, 가지급금 상환, 가업승계 대비, 상속세 재원 마련 플랜 등과 같은 법인컨설팅 플랜을 진행했다. 유 대표님도 원래 보험을 몹시 싫어하셨는데 나의 법인컨설팅에 대한 전문적인 지식이 지금까지 많은 FC와 상담해봤지만 뭔가 차원이 다르다고 하시면서 결국 인연을 맺게 되었다.

보광토탈이엔지㈜ 백재민 대표님은 동국대학교 문화예술 CEO과정 1기에서 만난 남기봉 회계사님과 친구로 남기봉 형님께서 소개해주시어 회사를 두 개로 분리하는 부분부터 정관 변경 및 법인 보상플랜을 진행하면서 결국 인연을 맺게 되었다.

창성포장㈜ 이정희 대표님 또한 동료 FC의 기존 고객이었으나 조인 워킹을 통해 법인에서 정관 변경과 가업승계 및 상속세 재원 마련을 위한 플랜으로 고객이 되신 분이시다.

㈜케이에스메이트 조은연 대표님은 전이현 대표회계사님의 소개로 작은 소모임을 만들고 인맥을 만들어가다가 법인컨설팅 플랜으로 인연이 된 분이시다.

㈜우인메디텍 함철훈 대표님 역시 후배 FC와 조인 워킹을 가서 계약했는데, 전에 내 강의를 들었던 FC님의 고객이었다. 국내 다른 보험사에 친인척이 있었고 기존에 보험도 많이 가입하고 있었으나 제대로 된 컨설팅을 진행해드리면서 정관의 전면 개정, 가업상속 문제, 주식이전 문제, 임원에 대한 보상플랜, 명의신탁 주식 회수 문제 등 다양하게 얽힌 사안들을 파악해 종합적인 진단을 내리고 필요한 컨설팅을 해드리게 되었다.

이후 김희록 사모님과 함께 미팅한 후 진정한 고객이 되셨는데, 지금도 형님과 누님으로 호칭하면서 나를 많이 아껴주시고 도움을 주시는, 나에게는 참으로 소중한 분으로, 인품도 매우 훌륭하신 분들이시다. 매년 골프대회에 부부가 함께 빠짐없이 나오며, 아들 둘을 미국에 있는 유명한 대학에 유학 보내 교육 문제에 대해 수시로 자문을 구하고 있기도 하다.

또한 소개로 알게 된 ㈜트라이엠 이관용 대표님은 서울사료㈜ 임원으로 있다가 사료를 수입, 납품하는 회사를 창업한 분이다. 당초 다른 보험사의 컨설팅을 받으려다가 '정인택 FC를 만난 후 평생을 같이 갈 수 있는 사람이라는 신뢰가 들었다'며 나에게서 자세한 컨설팅을 받았다. 결과적으로 법인 1,000만 원, 개인 200만 원, 총 1,200만 원을 계약하고 2014년 400만 원을 추가해서 현재 1,600만 원 계약을 이어가고 있다.

역시 신뢰가 중요하고 전문적인 지식이 중요하다. 어떤 컨설팅을 제안하느냐에 따라 결과가 달라진다는 사실을 새삼 깨달았다.

전문적인 컨설팅 내용을 자세하게 상담해주고 법인에서 보상받는 플랜, 차명주식과 기타 차명의 등기임원, 오너임원이 보상받는 플랜에 향후 자녀들에 대한 상속이나 증여와 관련된 플랜 등이 대부분 기업들의 주된 관심사다. 이를 읽지 못하면 오랜 인연도, 평생 우정도 없다. 아니 무엇보다 진정한 FC가 아니다.

금호산전㈜ 김세엽 대표님과 ㈜태영에나멜 김학주 대표님은 세무법인을 운영하는 박원근 사무장님한테서 소개받았다. 김학주 대표님은 다른 보험사와 이미 계약한 상태였고, 김세엽 대표님도 계약하려던 참이었다. 그런데 2014년 여름 김학주 대표님을 찾아가 법인 정관을 잠시 보여달라고 하여 살펴봤더니 정관에 체계적인 보상플랜과 관련된 내용이 되어 있지 않은 상태로, 그냥 다른 보험사와 계약만 한 상태였다.

나는 계약 여부와 관계없이 아는 분이 소개했으니 체계적인 컨설팅만 해드리겠다고 하고 정관에 임원에 대한 보수지급 규정, 퇴직금 지급 규정, 유족보상금 지급 규정 등과 같은 전문적인 보상플랜을 만들어드리고 차명주식 회수 문제, 차명 등기임원 정리 문제, 자기주식 취득과 관련된 중요한 상법개정 내용을 자문해드리게 되었다. 김 대표님께서 나하고 컨설팅을 받고 평생을 함께 가고 싶다고 하셨고, 결국 고객이 되셨다. 사모님께서도 회사에 근무하고 있었는데, 소득 분산을 통한 세금 절세와 법인 임원에 대한 보상플랜을 위해 법인에서 급여를 신고하도록 요청했고, 사모님께서도 법인에서 가입하고 고객이 되셨다.

김 대표님 사례에서 나는 진정한 컨설팅은 어떤 상타가 되더라도 포기하지 않는다면 언젠가는 결실을 맺을 수 있다는 확신을 가질 수 있었다.

그 이후 박원근 사무장님과 김학주 대표님에게서 '다시 김세엽 대표님을 만나라'는 말을 들었다. 김세엽 대표님은 막 다른 보험사로부터 컨설팅을 받은 상태였는데, 내 설명을 듣고 나서 정관 변경이 엉터리라는 걸 알게 되었다. 나는 날짜도 안 맞고 형식도 안 맞는 점 등을 조목조목 설명하면서 서로 확실한 신뢰감을 쌓았다. 그러자 앞으로는 정 이사와 진행하겠다며 공동대표이사인 부인 명의로 2014년 봄에 계약했고, 김세엽 대표님도 차후 계약하기로 하였다. 김 대표님은 명의신탁 주식 회수 문제, 차명 등기임원 정리, 체계적인 정관 변경 등이 필요한 상태였고, 차례로 몇 가지 일을 진행해드리면서 결국 고객이 되신 분이다.

223

신뢰는 시간이 있어야 만들어지는 것이 아니다. 며칠 지나지 않았어도 전문성을 바탕으로 마음을 열고 도움을 주는 자세를 보이면 단 하루, 단 한 시간 만에도 형제 이상의 신뢰가 만들어진다.

2013년 하반기에 정진회계법인 전이현 대표회계사님과 함께 KAIST 부품소재 CEO과정을 다녔는데, 거기서 ㈜이노디스 박해신 대표님을 만났다. 이미 다른 보험사와 계약을 맺은 상태였는데, 나의 전문성과 성실함에 매료되신 박해신 대표님은 나한테 결국 법인에서 계약을 하게 되었고, 증액을 여러 번 하시어 지금은 월납 1,500만 원 정도를 법인에서 납부하고 계신다. 박 대표님은 나의 컨설팅 능력을 인정하시어 수시로 주변에서 사업하시는 분들을 소개해주셨다. 대표적으로 ㈜중앙하이프론 김성한 대표님과 ㈜유원 이성우 대표님과는 골프도 여러 번 함께하면서 소중한 만남을 이어가고 있으며, 내가 매년 주최하는 VVIP CEO 초청 골프대회에도 초청하면서 좋은 분들한테는 항상 무엇을 기대하지 않고 미래를 내다보며 투자한다는 신념으로 지금까지도 형님·동생하며 좋은 관계를 이어가고 있다. 박해신 대표님은 2016년 3월 서울대학교 자연과학대학 SPARC 29기에 함께 입학하여 또 다른 곳에서 새로운 인연을 만들어가고 있다.

이곳에서는 인문학과 자연과학에 대한 교차 강의를 통해 학창시절 배웠거나 현재 새로운 이슈가 되고 있는 좋은 강의를 듣고 있으며, 나 자신한테도 인맥 네트워킹과 더불어 부족한 지식을 조금이나마 축적할 수 있는 좋은 기회가 되고 있다. 특히 서울대학교 자연과학대학 SPARC 29기를 다니면서 김&장 법률사무소 고문, 새만금위원회 민간위원장으로 계시는 오종남 명예주임교수님과의 인연도 내가 얻은 최고의 인연으로 기억한다.

이강근 주임교수님을 비롯해 SPARC 29기 원우회장이신 ㈜미당에 프씨 심우열 회장님과 수석부회장을 맡고 있는 ㈜씨앤비코스메틱 이충우 대표님, ㈜비전홀딩스 김한준 대표님 등 39명의 훌륭한 원우님과 함께 소중한 인연을 만들어가고 있다.

2016년 6월 2일(목) 여주CC에서 열린 서울대학교 자연과학대학 학장배 SPARC 총동문회 골프대회에서 나는 뜻하지 않게 우승을 차지했다. 우승 기념으로 일정 금액을 협찬하면서 총동문회장이신 김대인 ㈜대홍소프트밀 대표이사를 비롯하여 총동문회 핵심 임원진을 6월 28일(화) 샤인데일CC에서 약 200명의 VVIP CEO를 샷건 방식으로 진행하는 골프대회에 초대한 것도 지금 당장 무엇을 얻기보다는 좋은 분들과 좋은 인맥을 만들어가는 과정에서 미래를 위한 나 자신의 인맥 만들기에 투자하는 것이다.

2015년 상반기에는 신동호 형님, 조근호 형님, 김형철 형님과 함께 캘리포니아주립대학교 AMP 5기를 다니면서 KJ그룹홀딩스 남상태 회장님, 위계점 박사님, OB맥주 장인수 부회장님, KBS 금동수 전 부사장님, 아초원 홍미란 대표님, 서울 성동고등학교 12년 선배님 홍효식 서울고검 부장검사님, 서울 성동고등학교 4년 선배님 김용일 변호사님, ㈜스마트구루 박현 부사장님, 오득수 회장님 등 인품이 좋은 분들을 만나 좋은 인연을 만들어가고 있다.

2015년 상반기에는 또한 서울대학교 산학정 28기 과정에 정진회계

법인 전이현 대표회계사님과 함께 다니면서 정부기관, 공기업, 대기업, 민간기업 CEO 등 다양한 분야에서 활동하는 좋은 분들과 인연을 쌓아가고 있다. 특히 텔레비전 드라마에서 왕성하게 활동하시는 탤런트 김희정 씨는 유일하게 나하고 동갑이라 VVIP CEO 초청 골프대회에 초대하면서 친하게 지내며, ㈜유젠스에스엠 김경태 대표님, ㈜오토랜드 신수철 대표님, 우리레미콘㈜ 김승주 회장님, 디자인세븐에이엠㈜ 이은실 대표님 등도 골프대회에 초대하며 좋은 인연을 만들고 있다.

나는 올해 상반기에는 서울대학교 자연과학대학 SPARC 29기 과정에 이어 KOTRA 글로벌 CEO 아카데미 5기 과정을 다니고 있다. 이 과정에서는 해외 시장 진출에 대한 궁금증 및 사례를 통한 해외 시장 개척에 대해 공부하는데, 내가 이 과정을 선택한 이유는 해외 시장 진출에 고민하는 나의 VVIP CEO 고객들 및 지인들에게 적극적인 해외 시장 개척에 대한 솔루션을 조금이라도 드릴 수 있는 영감을 얻기 위해서 한 학기를 투자한 것이다.

원우회장님으로서 열교환기 및 가스발생기 제조업 신한열교환기공업㈜ 신양묵 회장님, 골프회장님으로서 기타 플라스틱제품 제조업 ㈜디와이엠솔루션 박동하 회장님, 등산회장님으로서 기타 화학제품도매업 ㈜한국그린켐 류희정 대표이사님을 비롯한 좋은 분들을 새롭게 만나게 되었고, KOTRA 글로벌 CEO 아카데미 5기 원우님들 역시 나한테는 해외 시장 개척 및 현재 해외 수출업을 운영하는 전문 기업들의 모임에서 많은 것을 배우고 그분들의 소중한 인맥을 얻게 되는 좋은 기회가 되고 있다.

부록
언론 기사

2016년 5월 ING Cup Convention

끊임없는 도전과 강한 실행력으로
눈부신 영업성과를 거둔 영광의 얼굴들

Winner들이 모인 2016 ING CUP CONVENTION은 명불허전이라는 수식어가 어울렸다. 경인택 R-Lion은 5년 연속 CHAMPION이라는 경이로운 기록을 달성했고 명예상무로 위촉되는 기쁨을 누렸다. 별들의 축제 그 안에서도 'TOP OF THE TOP'을 차지한 영광의 14인을 소개한다.

고객의 마음까지 해결하는 최정예 요원

−서울4본부 세종지점 정인택 R-Lion(명예상무)

• 지금의 나를 만든 것은 누구 덕분이라고 생각하나요?

지금까지 저를 믿어주신 고객님들 덕분이라고 생각합니다. 그리고 ING 생명이라는 탄탄하고 좋은 회사가 훌륭한 경영진과 역동적인 본사 직원 간의 유기적인 시스템으로 등 뒤에서 잘 받쳐주고 있었기 때문이지요. 또 회사의 대표 선수로서 고객과 회사를 위해 힘든 여정을 함께 걸어준 소중한 동료와 사랑하는 가족의 든든한 후원이 있었기에 지금의 제가 있을 수 있었습니다.

• 챔피언으로서 부담감을 어떻게 극복하고 계신가요?

챔피언으로서 느끼는 부담감은 특별히 없습니다. 챔피언이 제 인생의 최종 목표는 아니었으니까요. 단지 제가 13년이 지난 지금도 여전히 고객들로부터 사랑받고 있다는 사실이 행복할 따름입니다. 챔피언을 하기 위한 전략이나 부담감으로 영업에 매진했더라면 아마도 지금의 저는 없었을 겁니다.

• 최근에 중점적으로 판매하는 상품과 판매 노하우는 무엇인가요?

주로 법인 전문 컨설팅을 하다 보니 자연스럽게 대표자들의 상속 문제나 가업승계 등에 초점을 맞추어 기업과 개인에 맞는 '종합 컨설팅'을 하고 있습니다. 그러한 콘셉트에 맞는 상품구조가 '오렌지 변액유니버셜 종신보험'입니다. 다른 회사에 비해 보험료 면에서 경쟁력이 있고, 납입기간도 다양해 상품이 가지고 있는 본연의 기능을 CEO들에게 컨설팅하기 좋습니다. 판매 노하우라고 한다면 모든 세금의 종착역은 '상속세'라는 인식을 그분들에게 어떻게 심어줄 것인가에 관한 인식과 접근이 중요한 것 같습니다.

꿈과 열정과 믿음으로 일궈낸 영광의 리더입니다

실패에 대한 두려움 없이 가능성을 성공으로 만드는 프로

−세종지점 정인택 R−Lion

• 성공 노하우

성공한 CEO들을 만나 경험담을 듣고 배우면서 그 모습을 본받으려고 노력했습니다. 또 수많은 동료들과 원활한 관계를 맺고, 스터디에도 열심히 참여하면서 끊임없이 노력해온 점이 이 자리에 서 있게 해준 원동력이라고 생각합니다.

• FC의 매력은?

보험의 가치를 통해 고객의 인생에 큰 도움을 줄 수 있다는 것이 FC라는 직업의 가장 큰 매력인 것 같습니다. 또 본인의 노력에 의해 큰 성공을 거둘 수 있다는 것, 성공한 사람들을 만나고 성공 스토리를 접하면서 깊은 공부를 할 수 있다는 것도 매력입니다.

• 앞으로의 다짐

현재의 자리에 머물기보다는 자신의 부족한 점을 보완하고 공부하는 게 노력하겠습니다. 고객들에게 보다 나은 컨설팅을 해줄 수 있도록, 고객들이 더 나은 삶을 살 수 있도록 최선을 다하겠습니다.

신뢰로 이룬 3년 연속 챔피언

–세종지점 정인택 Royal Lion

3년 연속 챔피언을 달성한 정인택 라이언의 표정은 덤덤하다. "늘 10년 안에 이뤄야 할 계획을 세워요. 거기에서 그치지 않고 실천하도록 끊임없이 공부하고 노력을 아끼지 않죠. 이번 챔피언도 계획 중 일부였습니다. 고객들에게 전한 재무컨설팅이 성공적이고 진심이 잘 전달되면 챔피언을 달성할 것 같다고 생각했습니다. 제 마음을 받아주신 분들이 많았기에 챔피언은 고객들이 만들어준 결과입니다."

모든 공을 고객에게 돌리는 정인택 라이언의 모습은 바람에 쉬이 흔들리지 않는 뿌리 깊은 나무와 같았다. 고객의 마음에 깊숙하게 자리 잡은 그의 신뢰는 대를 이어 뻗어나가고 있다.

"지금 저와 함께한 고객들뿐 아니라 자녀까지 제 고객이 되고 있어요. 10년 후에는 모든 세대가 비즈니스를 공유하고 공부도 하는 힐링센터를 건립할 계획입니다. 저와 고객들의 소통의 장이 되고 고객 간 네트워크를 형성하는 골프대회도 계속 열 예정이고요." 정상에 오르고도 열정적으로 일하고 끊임없이 공부하는 정인택 라이언이라면 충분히 가능한 목표다.

WINNING 2013년 5월호(ING 사보)

다시 10년 후 꿈이 생겼습니다

－세종지점 정인택 Royal Lion

법인플랜 분야의 전문적인 컨설팅 능력과 진솔함이라는 두 가지 무기로 작년에 이어 올해 두 번째 챔피언이 된 정인택 Royal Lion. 그가 2003년 입사 후 세운 계획은 'ING Cup Convention 챔피언'이었다. 당장 이틀 목표가 아니라 10년 후 이룰 꿈으로 마음에 품었다. 하지만 사람의 일이 뜻대로만 되지 않는 법. 입사 후 쇄골 골절로 10년 플랜에 비상이 걸렸다. 큰 수술도 그의 노력과 열정은 꺾지 못했다. 보험을 단순한 상품이 아닌 전문 컨설팅 영업으로 여기고 각종 세법에 통달했다. 또 주요 고객인 CEO의 입장이 되어 그들의 고민이 무엇인지 탐구했다. 그 결과 거액 자산가나 중소기업 대표들과 끈끈한 관계를 형성하게 되었다. 실력과 성실함을 기반으로 했기에 고객이 아닌 가족과 다름없는 돈독한 사이로 발전했다. 심지어 고객들의 요청으로 올해부터 'ING생명 정인택 VIP 고객' 골프 월례회가 생겼다. 자신만의 인맥이 아닌 고객의 네트워크까지 형성한 것. 정인택 Royal Lion은 다시 한 번 고객을 위한 '힐링센터'라는 10년 플랜을 준비 중이다.

ING생명보험㈜ 세종지점 정인택 명예이사

−38회 동기회장, 보험컨설턴트, ING생명보험㈜ 세종지점 명예이사, 2012년부터 2년 연속
 ING생명 FC Champion 수상

• 먼저 2년 연속 최다실적으로 'ING생명 FC Champion 수상' 수상을 축하드립니다.

소감과 비결이 있으면 말씀해주시지요.

처음 2003년 9월 ING생명㈜에 입사했을 때 저는 10년 동안 잘 준비하면 챔피언이 될 수 있다는 확신과 희망을 가지고 보험업을 시작하여 전문컨설팅으로 탈바꿈하였습니다.

컨설팅을 하기 위해서는 상속이나 증여, 가업승계, 가업상속, 법인세법, 소득세법, 비상장주식 가치평가, M&A, 비상장법인의 자사주 취득, 기타 CEO의 고민거리, 법인의 흐름 등에 대해 전문적인 지식이 필요했고, 그 분야에서는 대한민국 최고가 되어 어느 누구보다도 더 많은 지식으로 승부해야겠다고 다짐했습니다. 그 결과, 웬만한 회계사나 세무사보다도 더 많은 세법적인 지식을 얻을 수 있었고 기업 CEO와 미팅할 때도 오히려 그 기업을 담당하고 있는 회계사나 세무사도 제게 두 손을 들 정도의 실력을 갖추게 되었습니다.

나름대로 실력을 갖추고 나서는 거액자산가나 중소·중견기업 CEO들을 만날 수 있는 인맥 네트워크를 만들기 위해 많은 시간과 비용을 투자했습니다. 각 대학의 최고경영자 과정이나 라이온스클럽, 로터리클럽 등을 30대 중반 시작하여, 그분들과 인간적으로 친분을 쌓게 된 후 제 진심을

보여주기 위해 노력했고 그분들도 저의 실력과 성실성을 높이 평가하여 저를 테스트하기 시작하였습니다. 그분들을 정기적으로 초청하여 새로운 인맥 네트워크를 공유하기 위해 제가 100% 전액 지원하여 VIP 고격 골프대회를 매년 상반기 1박 2일, 하반기 당일 행사에 각각 100여 명을 초청하여 7년째 실시하기 도자, 이제는 저의 단순한 VIP 고객이 아닌 한 가족이나 다름없는 형님, 동생 관계로 발전하게 되었고, 많은 사장님의 요청으로 올해부터는 제 이름을 딴 'ING 정인택 VIP 고객' 골프월례회로 발전시키게 되었습니다. 저 자신보다는 고객을 위해, 고객의 이익을 위해 제 주변의 인맥 네트워크를 고객들에게 끊임없이 제공하기 위해 노력한 결과가 오늘의 영광을 있게 한 것 같고, 또한 그분들과 평생을 함께할 수 있는 소중한 관계가 되었다는 것에 보람을 느끼고 있습니다.

• 우리 총동문회는 35회 이후 기수의 참여가 저조한 현실입니다. 40대 중반이면 사회적으로 어느 정도 안정기에 들어섰다고 할 수 있는데 그 참여를 높이기 위한 제안이 있다면?

사실 아직도 많은 상당수 동문이 총동문회에 참여하는 비율이 낮은 것으로 알고 있습니다. 이는 비단 35회 이후 기수만의 문제가 아니라고 생각합니다. 아직도 많은 후배기수는 10년 이상 차이 나는 선배님들을 뵙는 것을 어려워합니다. 총동문회가 잘되기 위한 일환으로 10년차 기수별(예를 들면, 30회~39회, 40회~49회 등)로 총동문회 운영을 총괄하는 부회장 및 집행부를 일부 두게 하여, 그분들로 하여금 10년차 해당 기수별로 정기적인 교류를 통해 선후배 간의 격을 좁히고, 총동문회의

취지와 운영, 그리고 향후 발전방향 등에 대한 점진적인 의견을 교환해 함께할 수 있는 공통의 이벤트를 찾아야 한다고 봅니다. 그렇게 되면, 누구나 총동문회비로 월 1만 원(연 12만 원)을 납부하는 것을 매우 자랑스럽게 생각할 것이며, 총동문회 기부금도 소규모 동문들만 납부하는 틀에서 벗어나 수많은 대규모 동문의 참여로 자연스럽게 이어질 거라 생각합니다.

• 우리 동문들의 큰 관심사로 재테크를 빼놓을 수 없습니다. 그동안 수많은 컨설팅을 통해 미래지향적인 재테크를 위한 원칙을 소개해준다면?

첫째도 인내심, 둘째도 인내심, 셋째도 인내심입니다. 자산관리의 첫 번째는 이러한 인내심을 가지고 조기에 실천하며, 과욕을 부리지 않고, 철저하게 분산투자 원칙을 지킨다면 누구나 미래지향적 자산관리에 승자가 되어 있을 것입니다.

• 모교 재학생에게 미래의 희망적 메시지 또는 추천하는 인생의 좌표를 남긴다면?

여러분이 하고자 하는, 또는 이루고자 하는 목표가 있다면 반드시 "10년 플랜을 세워 유쾌한 도전을 하라"고 당부하고 싶습니다. 스스로 준비하는 자는 이루지 못할 것이 없다고 생각합니다. 누구보다도 열정적이고 자신감으로, 현재 하고 있는 일에 10년 동안 끊임없이 준비하고 유쾌한 도전을 즐긴다면 10년 후 여러분의 분야에서 최고가 되었거나, 최고에 오를 준비를 이미 하고 있을 것입니다.

1999년 대학원 석사과정 재학 중 같은 캠퍼스에서 만난 간호사관학교 출신 아내와 이듬해 결혼했습니다. 지금은 전역한 뒤 아이들 교육에 열정을 쏟는 웅진홈스쿨에서 팀장으로 일하고 있습니다. 아내 유경희와 반기문 UN사무총장처럼 되겠다는 큰 꿈을 가지고 언제나 열정적인 을지초 6학년에 재학 중인 딸 혜린, 그리고 영화를 좋아하여, 스티븐 스필버그 감독을 능가하는 세계 최고의 영화감독이 되어야겠다는 생각을 늘 하던 중 초등 2학년 때 미국의 유니버설 스튜디오와 디즈니랜드를 홀로 다녀올 정도로 영화광인 을지초 5학년 아들 대훈, 이렇게 남매를 두고 있습니다.

"뜻이 있는 곳에 길이 있다."

어릴 적부터 집안에서 가훈으로 써왔던 것으로 기억합니다. 그 가훈을 제 아들에게도 그대로, 지금 하고 있는 일에 능동적이며 적극적으로 자신감을 가지고 유쾌한 도전을 즐긴다면, 반드시 그 뜻을 언젠가는 펼칠 수 있을 날이 올 거라 확신을 심어주고 싶습니다. 또한 제가 현재 20여 복지단체에 후원을 하고 있는 것처럼, 제 아이들도 사회 저변에 늘 소외된 이웃을 돌보며, 기부하는 삶을 살기를 희망합니다.

받는 것보다 주는 것이 더 행복하다.
항상 도전하는 FC

－정인택 FC/세종 지점

"남이 가지 않는 길을 가고 한결같이 그 자리를 지킨다는 것은 많은 노력이 필요한 일이었습니다. 고객을 위해 보험을 설계하고, 자산관리를 하고, 각종 세법과 부동산에 전문가가 되기 위해 꾸준히 제 길을 걷다 보니 오늘 이 영광스러운 자리에 서게 되었습니다. ING생명의 FC로 일하면서 가장 큰 기쁨은 도움을 받기보다는 누군가에게 도움을 주며 살아갈 수 있다는 사실이었습니다. 어려운 이웃의 소리에 귀 기울이고, 고객에게 받은 사랑을 사회에 환원할 수 있는 방법을 고민하며, 후배들이 진정한 FC로 우뚝 설 수 있게 교육하는 저의 소중한 활동들, 이제 FC라는 직업은 제 삶의 모든 의미가 되었습니다.

오늘이 있기까지 저를 믿어준 가족과 고객들 그리고 뜻을 함께해준 동료들에게 진심으로 감사의 말씀을 전합니다."

2011년 10월 25일 bnt뉴스

ING생명 정인택 FC, 중소기업 가업승계 및 CEO 절세 플랜 전문가로 '승승장구'

-김지일 기자

보험업계에서 가업승계 및 CEO 절세 플랜 전문가로 활동하며 강연 활동이 한창인 사람이 있다. 중소기업 CEO들의 가업승계 및 절세와 관련한 궁금증을 명쾌하게 해결해주는 보험재정설계 전문가 ING생명 정인택 FCFinancial Consultant가 바로 그 주인공이다.

정인택(42) FC는 ING생명(주)의 FC로 입사 8년 만에 이사로 진급해 최단 기간 승진 기록을 보유하고 있는 인물이다. 8년간 1주일에 3건씩 보험계약을 체결해왔다는 그는 2003년 처음 보험영업을 시작해 현재 355주째 보험판매 영업을 진행하고 있다.

고액의 계약을 지속적으로 성사시키는 정 FC의 영업능력은 타의추종을 불허할 정도. 이는 보험업계에서는 매우 드문 일로써 CEO를 위한 전문적인 상속, 증여 절세 플랜뿐만 아니라 일반인을 위한 재무설계도 충실히 수행하고 있다는 점에서 높은 평가를 받고 있다.

그는 보험영업에 성공하기 위한 노하우로 'SMART경영'을 말한다. 이는 Specific(구체적인), Measurable(측정 가능한), Achievable(달성 가능한), Realistic(현실 가능한), Timely(순차적으로)라는 단어의 약자로, 목표를 갖고 최선을 다해 일하라는 강한 메시지를 담고 있다.

정 FC의 주력 분야는 '가업승계 및 가업상속을 대비한 중소기업 CEO

절세 플랜'이다. 주로 중소기업 CEO들의 고민인 가업승계 부분을 담당한다. 그는 "중소기업이나 비상장기업의 경우 가업상속이나 승계에 대한 사전 대비책이 없다. 막대한 상속세 부담으로 회사가 경쟁업체로 넘어간 사례들을 많이 보아왔다"라며 일에 대한 자부심을 드러냈다.

한편, 정인택 FC는 보험업계 명예의 전당 클럽 멤버들만이 자격이 되는 MDRT 7회(COT 4회 포함)를 달성한 상태다. 한국MDRT협회 봉사분과위원장으로 활동하며 '봉사데이'를 주최하는 등 적극적인 후원활동을 펼치고 있다.

중기中企 가업승계 '절세 플랜' 전문가

중소기업 CEO들의 큰 고민 중 하나는 가업승계에 관한 부분이다. 상속세나 증여세 등 세 부담이 너무 커서 경영권을 자녀 세대에 물려주더라도 이후에 자금난 등을 겪을 수밖에 없다는 것이다.

ING생명 정인택 FC(42세)는 가업승계, 가업상속에 대한 중소기업 CEO 절세 플랜에서 손꼽히는 전문가다. 이 프로그램은 가업승계 중소기업이 동일성을 유지하면서 상속이나 증여를 통해 그 기업의 소유권 또는 경영권을 다음 세대에 이전하는 것을 말한다.

정 FC는 "중소기업이나 비상장기업의 경우 가업상속이나 가업승계에 대한 사전 대비책이 없어서 막대한 상속세 부담을 느끼는 경우가 많다. 이로 인해 회사가 경쟁업체로 넘어간 사례들을 많이 봤다"고 말했다.

정 FC의 고객이 CEO들이다 보니 자연히 공부하고 정보를 수집하는 일도 일과가 됐다. 정 FC는 CEO 시장에 주력하면서 30여 개가 넘는 CEO 모임에도 참석하고 있다. 정 FC는 "3개 경제신문과 4개 종합지를 읽는 것으로 하루를 시작한다. CEO는 업무가 워낙 바쁘기 때문에 그들에게 필요한 정보와 트렌드를 조사해 즉각적으로 제공한다"고 말했다.

그는 1주일에 3건 이상 보험계약을 체결하는 3W를 350주 하고 있다. 8년째 주당 3계약을 체결하고 있다는 의미다. CEO를 위한 고액계약 외에도 일반 고객들을 대상으로 한 재무설계에도 신경을 쓰고 있다.

그는 다른 FC들에게 'SMART경영'을 강조한다. SMART경영은 Specific(구체적인), Measurable(측정가능한), Achievable(달성가능한), Realistic(현실가능한), Timely(순차적으로)의 앞 글자를 딴 것이다. 목표를 막연하게 생각하기보다는 구체적으로, 달성가능하며, 현실적으로 도전할 수 있는 수치로 정해놓는 자세가 중요하다는 게 그의 철학이다. 그리고 정확한 목표에 열정과 자신감을 더하고 오랫동안 하려는 의지를 가지고 일 자체를 즐긴다면 어떤 도전도 이겨낼 수 있을 것이라고 강조했다.

그는 "고객은 평생을 거쳐 동고동락하는 존재다. 외국의 사례처럼 30년 이상 고객과 관계를 유지하며 비단 재무설계뿐 아니라 생활과 인생에 대한 모든 이야기를 나누고 도움을 주고 싶다"고 말했다.

'정직'으로 만든 신뢰의 표상

정인택 Royal Lion은 보험계약 유지율, 투명성, 민원 건수 등을 고려하는 까다로운 조건을 충족해야지만 통과할 수 있는 우수 인증 설계사의 자격을 갖췄다. 그러나 단순히 많은 성과를 달성했다고 이 자리에 오를 수는 없다. 까다로운 조건을 충족시켜야 하는 한편 그것을 꾸준히 유지해야만 얻을 수 있는 결과이기 때문이다.

−세종지점 정인택 Royal Lion

• 국내에 몇 되지 않는 우수인증설계사 자격(정인택 FC는 Best of Best로 선정)을 획득했다. 우수인증설계사 인증을 받을 수 있었던 원동력은?

무엇이든 고객과 함께 한 결과다. 특히 사회에 공헌을 하기 위해 고객과 함께 할 수 있는 기부활동을 많이 기획했다. VIP 고객들을 대상으로 일년에 한 번씩 뮤지컬 관람과 골프대회를 개최하면서 발생한 각종 기부금으로 필리핀 어린이들을 후원하거나 소외된 어린들을 위한 장학금을 조성하는 데에 힘썼다. 무엇보다 고객들로 하여금 기부에 익숙해지도록 많은 활동을 한 것이 큰 역할을 하지 않았나 싶다.

• FC는 언제나 고객과 함께 할 수밖에 없다. 고객이란 어떤 존재인가?

평생을 거쳐 동고동락하는 존재다. 고객이 있기에 내가 있고 내가 없다면 고객도 힘들어할 것이라 생각한다. 건강이 허락하는 한 아주 오랫동안 고객과 함께하고 싶다. 외국의 사례처럼 30년 이상 고객과 관계를 유지하며 비단 재무설계뿐 아니라 생활과 인생에 대한 모든 이야기를 나누고 도움을 드리고 싶다. 가족과 같은 관계를 계속해서 유지하고 싶다.

생보 우수인증설계사, 7천만 원 기부

생명보험 우수인증설계사들이 전국 7개 아동복지기관에 총 7000만 원의 기부금을 전달한다.

16일 생명보험협회에 따르면, 지난 4월 선정된 모범우수인증설계사 10명이 역할을 분담하고 전체 우수인증설계사를 대표해 기부금을 전달키로 했다.

지난 14일에는 배양숙(삼성생명), 정인택(ING생명), 이정임(녹십자 생명) 등 3명의 모범우수인증설계사가 이삭의 집(경기 의정부)을 방문해 1000만 원의 성금을 전달했다. 같은 날 원주아동센터에 성금을 전달했으며, 16일에는 푸른동산(전남 영광), 희망샘학교(전북 고창), 대자원(경북 경주)에, 17일에는 성민보육원(경남 함양)과 성우보육원(대전 대덕구)에 기부금을 전달할 예정이다.

한편, 생명보험 우수인증설계사는 보험의 신뢰도 향상과 민원감소를 위해 생보협회가 지난해 6월 도입·운영하고 있는 제도로 민원건수, 보험계약유지율 등 까다로운 기준을 충족해야 자격을 부여받을 수 있다. 3월 말 현재 전체 생보설계사 17만 3277명 중 4.2%인 7329명이 우수인증설계사로 활동하고 있다.

화보

사진으로 보는 정인택

2016년 컨벤션 시상식(5년 연속 챔피언)

2016년 컨벤션 시상식(5년 연속 챔피언)

2016년 컨벤션 시상식(5년 연속 챔피언)

2016년 컨벤션 시상식(5년 연속 챔피언)

2016년 컨벤션 시상식(5년 연속 챔피언)

2016년 컨벤션 시상식(5년 연속 챔피언)

2016년 컨벤션 시상식(5년 연속 챔피언)

2016년 컨벤션 시상식(5년 연속 챔피언)

2016년 컨벤션 시상식(5년 연속 챔피언)

2016년 컨벤션 시상식(5년 연속 챔피언)

2016년 컨벤션 시상식(5년 연속 챔피언)

2016년 컨벤션 시상식(5년 연속 챔피언)

2016년 컨벤션 시상식(5년 연속 챔피언)

2015년 ING생명 챔피언스 트로피 골프대호

2015년 ING생명 챔피언스 트로피 골프대회

2015년 컨벤션 트립(발리)

2015년 상반기 VVIP CEO 초청 골프대회

2015년 상반기 VVIP CEO 초청 골프대회

2015년 컨벤션 시상식(4년 연속 챔피언)

2015년 컨벤션 시상식(4년 연속 챔피언)

2015년 컨벤션 시상식(4년 연속 챔피언)

2015년 컨벤션 시상식(4년 연속 챔피언)

정인택의 법인컨설팅십

2015년 컨벤션 시상식(4년 연속 챔피언)

2015년 컨벤션 시상식(4년 연속 챔피언)

2015년 특별한 시책－4인 가족 지중해 크루즈 여행권 시상식

2015년 특별한 시책-4인 가족 지중해 크루즈 여행권 시상식

2014년 하반기 VVIP CEO 초청 자선 골프대회(한성CC)

2014년 하반기 VVIP CEO 초청 자선 골프대회(한성CC)

2014년 하반기 VVIP CEO 초청 자선 골프대회(한성CC)

2014년 하반기 VVIP CEO 초청 자선 골프대회(한성CC)

2014년 상반기 VVIP CEO 초청 자선 골프대회(파인리즈CC)

2014년 상반기 VVIP CEO 초청 자선 골프대회(파인리즈CC)

2014년 코타키나발루 컨벤션 시상식(3년 연속 챔피언)

2014년 코타키나발루 컨벤션 시상식(3년 연속 챔피언)

2014년 코타키나발루 컨벤션 시상식(3년 연속 챔피언)

2013년 하반기 VVIP CEO 초청 골프대회(한성CC)

2013년 홍콩, 마카오 컨벤션 시상식(2년 연속 챔피언)

2013년 홍콩, 마카오 컨벤션 시상식(2년 연속 챔피언)

2013년 홍콩, 마카오 컨벤션 시상식(2년 연속 챔피언)

2013년 상반기 VVIP CEO 초청 골프대회(알펜시아)

2013년 상반기 VVIP CEO 초청 골프대회(알펜시아)

정인택의 법인컨설팅십

2012년 MDRT 애너하임 연차총회 후 페루 마추픽추 투어

2012년 MDRT 애너하임 연차총회 후 페루 마추픽추 투어

2012년 컨벤션 시상식(FC 챔피언)

2012년 컨벤션 시상식(FC 챔피언)

2012년 컨벤션 시상식(FC 챔피언)

2012년 컨벤션 시상식(FC 챔피언)

2012년 컨벤션 시상식(FC 챔피언)

2012년 컨벤션 시상식(FC 챔피언)

2012년 상반기 VVIP CEO 초청 골프대회(태백 오투리조트)

2011년 컨벤션 시상식

2011년 컨벤션 시상식

2011년 애틀란타 MRT 연차총회 후 칸쿤 체첸이사 마야문명답사

2011년 애틀란타 MRT 연차총회 후 칸쿤 체첸이사 마야문명답사

2010년 MDRT 벤쿠버 연차총회

2010년 MDRT 벤쿠버 연차총회

정인택의 법인컨설팅십

2010년 하와이 컨벤션 Trip

2010년 하와이 컨벤션 Trip

2009년 컨벤션 시상식

2008년 컨벤션 시상식

2008년 스페인, 포르투갈 컨벤션 Trip

2008년 스페인, 포르투갈 컨벤션 Trip

정인택의 법인컨설팅십

나는 우리나라 중소·중견기업이
100년 이상 가는 장수기업으로 성장하는 데
조그만 밀알이 되고자 한다.
그리고 우리나라 중소·중견기업 CEO들이
최소한 상속세 문제로 회사 문을 닫는 일이 없고
성장·발전을 저해하는 위험요인을 사전에 체크해
그에 철저히 대비하여 50년 이후 후손들이
더욱더 건실하고 튼튼한 회사로
성장·발전시켜나가는 모습을 그려본다.
또한 대한민국의 모든 파이낸셜 컨설턴트가
보험상품 판매가 아닌 진정한 CEO 컨설팅을 통해
중소·중견기업의 동반자가 되어주기를 기대한다.

손정의 참모

리더는 어떤 정신으로 기업을 이끌어야 하는가!

'풋내기 벤처 소프트뱅크'를 졸업하고 영업이익 1조 엔을 달성하며 '어른스러운 소프트뱅크'가 되기까지, 8년이 넘는 3,000일 동안 손정의 회장을 보좌했던 기록을 담았다. 현재의 소프트뱅크가 있기까지 손정의의 기업가정신과 리더십을 깊이 있게 다루어 '300년 존속 기업'으로 키우겠다는 손 회장의 야망과 결단력을 살펴볼 수 있다. 손정의 회장의 최측근인 비서실장이 옆에서 직접 경험하고 소통하고 실현했던 모습을 담았기에 더욱더 손정의 회장의 진면모를 느낄 수 있다. 리더를 꿈꾸는 독자들에게 손정의 회장의 메시지를 전하여 조직의 미래를 내다보고 강한 결의로 사람을 이끄는 글로벌 리더가 되기를 기원한다.

시마 사토시 지음 | 정문주 옮김 | 468쪽 | 신국판 | 값 20,000원

결핍이 만든 성공

결핍을 극복한 세이펜 김철회 대표의 기업가정신

인생의 반전 드라마는 남보다 특별한 능력을 가지고 있는 사람이 만들어내는 게 아니다. 희망보단 절망과 좌절로 가득 찬 삶을 살았던 세이펜 김철회 대표는 부도가 나서 감옥까지 가게 되는 엄청난 실패 속에서도 남들보다 훨씬 더 많이 노력해야 한다는 절실한 마음가짐으로 주어진 역경을 극복했다. 세이펜을 개발해 커다란 성공을 이룬 후에는 자기 자신뿐만 아니라 주변 사람들과 성공을 나누고 기부하는 '나눔'을 실천하고 있다. 오늘보다는 내일 더 멋지게 성장하는 사람, 돈 많이 번 사람보다는 멋진 인생을 즐기는 사람, 교육 분야에서 왕성한 사업가로서 생명이 다하는 날까지 끊임없이 움직이며 활동하고 싶은 게 그의 꿈이다.

김철회 지음 | 292쪽 | 신국판 | 값 18,000원

화웨이의 위대한 늑대문화

화웨이의 놀라운 성공신화! 그 중심에 늑대문화가 있다!

지난 20여 년간 화웨이가 성공할 수 있었던 비결은 도대체 무엇일까? 어떻게 해서 계속 성공을 복제할 수 있었을까? 화웨이의 다음 행보는 무엇일까? 화웨이의 68세 상업사상가, 마흔을 넘긴 기업 전략가 10여 명, 2040세대 중심의 중간 관리자, 10여만 명에 달하는 2030세대 고급 엘리트와 지식인이 주축이 된 지식형 대군이 전 세계를 누빈다. 전통적인 기업 관리 이론과 경험은 대부분 비지식형 노동자 관리에서 비롯했다. 이제 인터넷 문화 확산이라는 심각한 도전 앞에서 지식형 노동자의 관리 이론과 방법이 필요하다. 이를 꿰뚫은 런정페이의 기업 관리 철학은 당대 관리학의 발전에 크게 이바지했다.

텐타오, 우춘보 지음 | 이지은 옮김 | 452쪽 | 4×6배판 | 값 20,000원

조선부자 16인의 이야기

역사로 통찰하는 조선시대 부자 비결!

부(富)를 축적하고 증식하기 위해서는 뚜렷한 목표가 있어야 한다. 돈을 버는 부자는 결코 결심이나 뜻으로 되는 것이 아니라 실행과 노력으로 이루어진다. 또한 부(富)는 이루기도 어렵지만 지키기는 더 어렵다. 부(富)가 완성되려면 축적, 증식, 분배의 세 요소가 어우러져 있어야 한다. 이 책에는 뜻을 세우고 실천하는 조선의 부자, 즉 자수성가한 부자들의 삶과 철학을 담았다. 이렇게 소개된 조선시대 부자 16인의 이야기를 바탕으로 옛 선인들의 철학과 삶의 지혜를 본받아 현시대의 부의 철학을 다시 바로잡고, 역사 속 실존 인물들의 이야기를 통해 자신의 삶에 접목한다면 한국판 노블리스 오블리제를 실천할 수 있을 것이다.

이수광 지음 | 400쪽 | 신국판 | 값 18,000원

돈 버는 사장 못 버는 사장

돈 버는 사장에겐 공통점이 있다!

돈을 못 버는 이유를 불경기 탓으로 돌리지 않았는가? 이윤추구보다는 더불어 사는 사회를 만들기 위해 조금만 벌고 있다고 둘러대진 않았는가? 기업의 목적은 이윤창출이다. 사장은 본인의 회사와 사원들을 위해 돈을 많이 벌 수 있는 시스템을 만들어야 한다. 이 책은 돈 버는 사장이 될 수 있는 습관을 총 6장으로 분류하고, 돈 버는 사장과 못 버는 사장의 특징을 담은 50개의 키워드로 정리하였다. 현재 자신의 실수나 오류를 스스로 점검하고 돈 버는 사장으로 변화할 수 있는 방법을 일러스트를 포함한 구성으로 보다 쉽게 이해할 수 있도록 명쾌하게 제시한다.

우에노 미쓰오 지음 | 정지영 옮김 | 김광열 감수 | 260쪽 | 신국판 | 값 17,000원

부의 얼굴, 신용

역사에서 통찰하는 선인들의 성공 비결, 신용 처세술!

무형의 재산으로 유형의 재산을 넘나드는 파급력을 지닌 '신용'. 대대손손 부를 부르는 사람들에게는 남과 다른 신용이 있었다. 역사소설의 대가 이수광 작가가 오랫동안 축적해온 방대한 역사적 지식에 신용을 접목한 이 책은 눈앞의 이익에 눈이 멀어 속임수를 쓰지 말라는 메시지와 함께 책임 있는 언행이 인격의 뿌리가 되어야 한다고 강조하고 있다. 현대를 사는 독자들이 구한말 조선 최고의 부자이자 무역왕으로 군림했던 '최봉준', 한나라의 전주 '무염' 등 역사 속 실존인물들이 신용을 발판으로 성공한 이야기를 가슴에 담고 신용을 생활화함으로써 '인복人福'과 '부富'를 부르는 귀인貴人이 되기를 기원한다.

이수광 지음 | 352쪽 | 신국판 | 값 16,500원

대한민국 CEO를 위한 법인 컨설팅 1, 2

CEO가 꼭 알아야 할 법인 컨설팅의 모든 것!

10년 가까이 현장에서 배우고 쌓은 저자의 노하우를 더 많은 고객들과 공유함으로써 그들의 고민을 해결하기 위해 출간되었다. 2권으로 나누어진 이 책의 1권에는 기본 이론과 내용들이, 그리고 2권에는 구체적인 실행전략과 아이디어들이 담겨 있다. 증여, 지분 이전, 부동산 및 금융자산의 운용, 명의신탁, 가업승계, 인사노무관리 등 풍부한 현장 경험 사례를 통해 구체적인 전략을 제시함으로써 이제는 CEO들이 제대로 평가받고, 제대로 된 기업으로 성장시켜 지속기업으로 발전할 수 있도록 지원하고자 한다. 기업이 성장함에 따라 겪게 될 문제들을 미리 알고 철저히 대비한다면 세금 폭탄 같은 날벼락은 피해 갈 수 있을 것이다.

김종완 지음 | 1권 288쪽 · 2권 376쪽 | 신국판 | 각 권 20,000원

대한민국 창업자를 위한 외식업 컨설팅

글로벌다이닝그룹 이준혁 대표의 외식 창업의 모든 것!

삼성, 현대 등 대기업 외식사업팀을 이끌었고, 300여 점포 이상을 경영, 기획하며 30여 년간 오직 외식업 한길만 걸어온 저자는 외식업에 뛰어들어 좌절하는 창업자들의 고통에 함께 공감하고 조금이나마 구제하고 싶은 심정으로 《대한민국 창업자를 위한 외식업 컨설팅》을 집필하였다. 이 책은 창업 준비부터 업종, 입지 선정, 인테리어, 마케팅, 종업원 관리, 상품 관리까지 창업 노하우와 반드시 알아야 할 정보를 구체적으로 다루고 있다. 또한 저자가 직접 컨설팅했던 업체의 실전 사례들과 문제점과 해결방안도 제시하였다. 한방에 성공하려는 대박식당을 창출하기보다 폐업의 리스크를 줄이는 데 초점을 맞추었다.

이준혁 지음 | 268쪽 | 신국판 | 값 18,000원

백인천의 노력자애

한국 프로야구의 전설, 백인천의 리더십

한국 프로야구 불멸의 타율 4할, 백인천의 인생철학과 그가 새겨놓은 프로야구의 역사를 책 한 권에 담았다. 반평생을 오직 야구 인생으로 살아온 백인천의 발자취를 돌아보면서 야구와 건강 두 마리 토끼를 쟁취하기 위해 혹독한 훈련을 견뎌 불멸의 4할 타자, 백인천의 이름이 프로야구의 전설로 남아있게 된 것이다. 이 책은 총 10장으로 구성되었으며 백인천 감독이 야구와 같은 인생을 살았듯 이 책의 콘셉트 역시 야구 경기처럼 1회 초부터 9회 말과 연장전 그리고 하이라이트 순으로 이어진다. 야구 프로에서 건강 프로가 되기까지 백인천 감독의 인생을 통해 독자 여러분도 인생의 진정한 프로로 거듭나기를 희망한다.

백인천 지음 | 388쪽 | 신국판 | 값 20,000원

논어로 리드하라

여성 리더로 성공을 꿈꾼다면 지금 당장 《논어》를 펼쳐라!

현대는 강하고 수직적인 남성적 리더십보다 감성적이고 관계지향적인 여성적 리더십을 요구하는 사회로 변화하고 있다. 이러한 변화를 입증기라도 하듯 한국에서는 사상 초초로 여성 대통령이 탄생했다. 국제적으로는 미국 국무부장관 힐러리 클린턴, 세계적으로 영향력 있는 여성 방송인 오프라 윈프리, 독일의 메르켈 총리 등 수많은 여성 리더들이 있다. 따뜻한 리더십으로 무장한 여성 지도자들의 공통점은 인생에서 중요한 가치를 깨닫고 더 나은 자신이 되기 위해 철학책과 고전을 많이 읽으면서 내면을 수양했다는 것이다. 쉽게 풀어 쓴 논어를 가까이하여 더 많은 여성이 우리나라뿐 아니라 세계를 리드하기 바란다.

저우광위 지음 | 송은진 옮김 | 344쪽 | 신국판 | 값 18,000원

어둠의 딸, 태양 앞에 서다

초라한 들러리였던 삶을 행복한 주인공의 삶으로!

세계적인 베스트셀러 《시크릿》의 주인공 밥 프록터의 유일한 한국인 제자인 조성희의 첫 번째 에세이집. 스스로 어둠의 딸이었다고 할 정도로 어려운 환경에서 마인드 교육을 통해 변화한 저자의 진솔한 이야기가 담겨 있다. '어둠'을 '얻음'으로 역전시키는 그녀만의 마인드 파워는 고뇌에 찬 결단과 과감한 도전정신으로 만들어낸 선물이다. 누구나 생각하는 대로 인생을 멋지게 살 수 있다. 어떻게 목표를 세우고, 어떤 생각을 하고, 무슨 꿈을 꾸느냐에 따라 인생은 달라진다. 꿈이 없어 짙은 어둠의 터널 속에서 절망을 먹고사는 사람들뿐만 아니라 심장이 뛰는 새로운 돌파구를 찾으려는 모든 사람에게 중독될 수밖에 없는 필독서다.

조성희 지음 | 404쪽 | 신국판 | 값 18,000원

나만 나처럼 살 수 있다

이제 나는 말한다, '나만 나처럼 살 수 있다'고

이제 나는 말한다, '나만 나처럼 살 수 있다'고 누구나 살면서 두 번, 세 번, 아니 수도 없이 쓰러진다. 이때 가장 필요한 것은 다시 일어설 수 있는 힘이 다. 그런데 안타까운 것은 많은 사람들이 이 힘을 보지 못한다는 점이다. 털어버릴 힘, 자신감, 자존감, 긍정적 가치관, 공동체를 지향하는 신념, 자아 정체성, 나를 조절할 수 있는 힘, 타인과의 소통이 세상을 살아가는 힘이다. 세상의 기준으로 보면 내세울 것 없는 사람이라도 '내 안의 행복'을 찾으면 비로소 나는 나답게 살 수 있다. 이 한 권의 책이 누군가에게 꼭 필요한 지침서가 되고, 영혼까지 깊이 웃게 해주는 삶의 돌파구가 되기를 희망한다.

이요셉 · 김채송화 지음 | 372쪽 | 신국판 | 값 18,000원

황태옥의 행복 콘서트
웃어라!

웃음 컨설턴트 황태옥의 행복 메시지, 세상을 향해 웃어라!

웃음 전도사로 유명한 저자가 지난 10년간 웃음으로 어떻게 인생을 다시 살게 되었는지 진솔하게 풀어낸 책이다. 암을 극복하고 웃음과 긍정 에너지로 달라진 그녀의 삶을 보면서 함께 변화를 추구한 주변 사람들의 사례는 물론 10년간의 삶의 흔적이 고스란히 담겨 있다. 독자들이 이 책을 읽고 삶을 업그레이드해 생활 속에서 행복 콘서트의 주인공이 될 수 있는 힘을 얻기를 희망한다. 또한 웃음을 통해 저자를 능가하는 변화된 삶을 살기를 바란다. "한 번 웃으면 한 번 젊어지고 한 번 화내면 한 번 늙는다(一笑一少一怒一老)"는 말이 있듯이 행복지수를 높여 삶을 춤추게 하고 싶다면 바로 지금 세상을 향해 웃어라!

황태옥 지음 | 260쪽 | 신국판 | 값 17,500원

니들이
결혼을 알아?

결혼이라는 바다엔 수영을 배운 후 뛰어들어라!

결혼은 액션이다! 아무런 행동도 하지 않고 막연히 앉아서 행복하길 기다리는 사람들의 결혼은 그 자체로 불행한 일이다. 이 책은 이병준 심리상담학 박사와 그의 아내이자 참행복교육원에서 활동하고 있는 공동 저자 박희진 실장이 상담현장에서 접한 생생한 사례를 토대로 하고 있다. 기혼자들과 결혼 판타지에 빠진 청춘에게 '꼭 해주고 싶은 말'을 읽기 쉬운 스토리 형식으로 담았다. 대부분 경고 수준의 문구지만 결혼식 준비는 철저하게 하면서 결혼준비는 소홀히 하는 이들에게 결혼의 중요성을 일깨워준다. 늘 머리에 '살아? 말아?'를 넣어두고 살아가는 이들에게 '까짓 살아보지 뭐!' 라며 툴툴 털고 일어서게 하는 힘을 줄 것이다.

이병준 · 박희진 지음 | 380쪽 | 신국판 | 값 18,000원

거대한 기회

창조 지능 리더십을 선사할 '거대한 기회'를 잡아라!

세상이 짧은 시간에 급격하게 변하고 있다. 난공불락의 요새도 없고 절대적 강자도 없다. 이러한 시대에 살아남으려면 유연하게 변화하고 창조해야 한다. 현대의 리더는 변화의 큰 흐름을 읽고 거기서 기회를 포착해야 한다. 불꽃이 아니라 불길을 보아야 하고, 물결이 아니라 물살을 보아야 한다. 이 책은 리더들에게 시대의 흐름을 한눈에 보여주고자 불확실한 미래에 접근하는 방법을 다양하게 제시하고 있다. 남보다 더 넓게 보는 안목을 키우고 패러다임을 자기만의 방식으로 삶과 비즈니스에 접목함으로써 더욱 큰 사회공동체와 인류공동체를 위해 공헌하는 창조의 마스터가 되어보자.

김종춘 지음 | 316쪽 | 신국판 | 값 18,500원

잡 job 아라
미래직업 100

변화 속 거대한 미래직업의 흐름을 주시하라!

미래에는 로봇 혁명을 통해 전혀 새로운 일자리와 노동 시장이 만들어질 전망이다. 인간을 채용하는 대신 새로 개발된 기계를 활용하고 3D 프린팅, 무인차, 무인기, 사물인터넷, 빅데이터 등 시대의 패러다임을 바꿀 기술들이 노동 시장을 뒤흔들 것이다. 이 책은 이러한 문제점에 접근하기 위해 미래 노동 시장과 일자리를 끊임없이 추적한 성과물인 100가지의 미래 유망직업에 대해 서술하고 있다. 건강하고 안전한 미래, 편리하고 스마트한 미래, 상상이 현실이 되는 미래, 지속성이 보장되는 미래 이렇게 총 4챕터로 이루어져 있고 짧은 글들로 짜였지만 미래 노동 시장과 산업 전반에 대한 내용과 통찰력이 압축돼 있다.

곽동훈 · 김지현 · 박승호 · 박희애 · 배진영 지음 | 444쪽 | 신국판 | 값 25,000원

굿바이, 스트레스

만성피로 전문클리닉 이동환 원장의 속 시원한 처방전!

대부분의 사람들은 흔히 스트레스라고 하면 부정적인 인식이 앞서 '나쁜 스트레스'만 떠올린다. 많은 현대들이 과도한 스트레스 때문에 힘들어하고 심한 경우 신체 질병까지 얻게 된다. 하지만 우리가 보편적으로 인식하고 있는 스트레스의 부정적인 이미지와는 달리 적절한 스트레스는 오히려 삶에 동기부여를 해줄 뿐 아니라 자극제가 되기도 한다. 저자는 스트레스를 무조건 줄이라고 하지 않는다. 오히려 스트레스를 적절히 관리해서 성과와 연결하는 방법을 소개한다. 계속되는 스트레스에 매몰되어 헤매는 것이 아니라 긍정적인 마음은 근육을 키워 스트레스를 통해 새로운 에너지를 얻음으로써 성과까지 창출하는 비법을 배워보자.

이동환 지음 | 260쪽 | 4×6배판 | 값 18,000원

잘못된 치아관리가
내 몸을 망친다

치과의사가 알려주는 치아 상식과 치과 치료의 오해와 진실!

치아는 잠자리에서 일어나는 아침부터 잠자리에 드는 저녁까지 모든 음식을 맛보는 즐거움을 우리에게 선사한다. 오복의 한 가지라 할만큼 치아건강은 인간의 행복에 큰 영향을 미친다. 이 책에서 치과의사인 저자는 일상생활에서 지켜야 할 치아 건강 관리법은 물론 상세한 치과 진료 과정, 치과 진료에서 궁금했던 점을 들려준다. 또한 잘못된 치아관리가 내 몸을 망칠 수 있으므로 제대로 알고 제대로 치료해야 건강한 치아를 간직할 수 있다고 강조한다. 이 책에는 치아전문 일러스트레이터들이 그린 생생한 일러스트를 실어 치료 과정을 쉽게 이해할 수 있도록 했다. 다양한 증상에 어떻게 대처해야 하는지 알려주는 유용한 책이다.

윤종일 지음 | 312쪽 | 4×6배판 | 값 20,000원

매직스윙

좀처럼 골프가 늘지 않는다면 매직스윙하라!

골프를 즐기는 사람은 많지만 정확한 스윙법을 구사하는 사람은 드물다. 프로든 아마추어든 골프를 시작한 나이, 체형, 성별 등에 따라 스윙법이 각각이지만 각 골퍼들의 스윙 문제는 비슷하기 마련이다. 이런 문제 해결을 위해 이병용 프로가 만든 '매직스윙'은 쉽고 간단하면서 효과도 빨라 수많은 유명 연예인, 기업체 CEO들을 반하게 했다. 이병용 프로는 보다 많은 사람들에게 매직스윙이 담긴 독자적인 레슨 이론을 소개하기 위해 책을 펴냈다. 좀처럼 골프 실력이 늘지 않아 고민 중인 분에게 이 책은 마치 직접 개인레슨을 받는 것과 같은 놀라운 경험을 선사할 것이다. 모두 골프의 매력에 빠질 준비를 해보자.

이병용 지음 | 208쪽 | 국배판 | 값 35,000원

위대한 개츠비

20세기 영미문학 최고의 걸작!

1974년에 이어 2013년 또다시 영화화되어 화제를 불러일으켰던 《위대한 개츠비》는 미국인이 가장 좋아하는 대표적 소설이다. 작품 배경이 되는 시기는 제1차 세계대전 직후 이른바 '재즈 시대'라그 불리는 1920년대다. 급격한 산업화와 전쟁의 승리로 풍요로워진 시대에 전쟁의 참화를 직간접적으로 경험한 젊은이들의 다양한 삶의 모습을 매우 섬세한 필치로 풀어낸 작품이다. 소설 속 주인공 개츠비는 젊은 시절의 순수한 사랑을 이루려고 자신을 내던진다. 아메리칸 드림을 이룬 그의 머릿속에는 부의 유혹에 넘어간 사랑하는 여인 데이지를 되찾으려는 생각밖에 없다. 그러나 현실은 그의 꿈을 용납하지 않는데….

F. 스콧 피츠제럴드 지음 | 표상우 옮김 | 4×6판 | 316쪽 | 값 12,000원

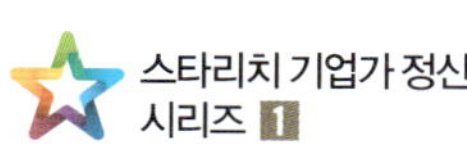

쿨핍이 만든 성공

김철회 지음

세이펜 김철회 대표의 기업가 정신

못 배운 덕분에… 무일푼 덕분에… 간절함으로 결핍을 성공으로 채우다!

성공을 위해 영혼을 건 사나이가 영혼을 건 기업가로
결핍을 극복하고 실패와 좌절을 이겨낸 세이펜 김철회의 기업가정신!

킬링 리더 VS 힐링 리더

| 송수용 지음 |

청소년부터 성인까지 자기주도학습이 가능한 셀프스터디의 초 강자

SES
Self-study English with SAYPEN

한 달 학원비로 평생 강의 소장!
한 달 학원 수강료로 평생 무한 반복, 인원 제한 없이
온 가족 함께 학습 가능!

어학 연수 프로그램, SES!
SES와 함께라면 누구나, 언제 어디서나 캠브리 지 어학 연수 중!

문법, 회화, 발음, 프리토킹!
SES 하나로 문법부터 프리토킹까지, 영어 스트레스에서 탈출!

SES 강의 기획만 6년!
캠브리지 대학 출판사의 800년 전통에 6년간의
세이펜 강의 기획으로 탄생!

캠브리지가 인정한 강의! 발음! 해석까지! 대한민국 첫 출시 작품!

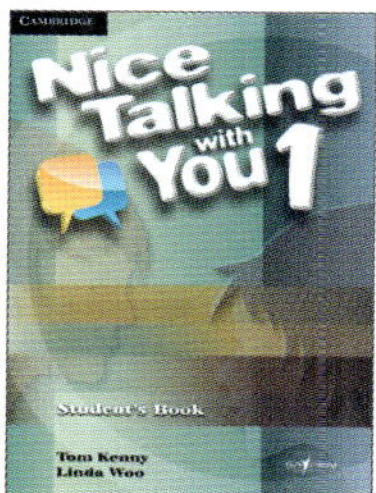

SES에 대한 자세한 정보 및 구매는 스타리치몰(www.starrichmall.co.kr)에서 도움을 받을 수 있습니다.

StarRich Books 서울시 강남구 강남대로62길 3 한진빌딩 3층~8층 전화 02-6969-8903 www.starrichmall.co.kr

전자신문
기업성장 지원센터

창업주의 경영 노하우와 철학을 제대로 계승하고 기업의 DNA와 핵심가치를 유지하는 질적 성장의 힘!
전자신문 기업성장 지원센터는 100년 기업을 위한 CEO 경영 철학 계승 전략을 지원하겠습니다.

**기업의 규모를 키우기만 해서는
장수기업의 대열에 합류하기 어렵습니다!**

전자신문 | 기업성장지원센터 서울시 강남구 역삼동 837-9 한진빌딩 5층 전화 02-6969-8925 / www.ceospirit.etnews.com

기업과 병·의원의 성장과 연속성을 위한 컨설팅 전문 그룹

스타리치 어드바이져

- 전문가 자문 그룹 플랫폼 제공
- 전자신문 기업성장 지원센터 운영
- 직원 성과 극대화를 위한 교육 프로그램 운영
- 스타리치 어드바이져 Gift Book 서비스
- 조세일보 기업지원센터 운영
- 기업문화 창출을 위한 교육 프로그램 운영
- 스타리치 CEO 기업가정신 플랜
- 김영세의 기업가정신 콘서트 주최

StarRich Advisor / StarRich Books

100년 기업을 위한 CEO의 경영 철학 계승 전략

CEO 기업가 정신 플랜

− 자서전 · 전문서적 · 자기계발서 · 사사 등 −

문의) 스타리치 어드바이저 & 북스 02) 6969-8903 / starrichbooks@starrich.co.kr

한국경제TV

StarRich Advisor

김영세의
기업가정신
콘서트

100년 기업으로 향하는 기업가정신!

창업주의 경영 노하우와 철학을 제대로 계승하고
기업의 DNA와 핵심가치를 유지하는 질적 성장의 힘!

〈김영세의 기업가정신 콘서트〉는 매월 찾아갑니다.

주관 | 한국경제TV 주최 | 스타리치 어드바이져
후원 | 조세일보 기업지원센터 · 전자신문 기업성장 지원센터

'계약'보다 '사람'을 먼저 생각하라!

前無後無 ING생명 5년 연속 FC 챔피언!

자신에게 투자하고,
자신이 만나는 고객에게 투자해야 한다!
결국 사람에게 투자해야만 한다
이것이 법인 컨설팅Ship의 기본이고
롱런할 수 있는 비결이다!

정인택 지음 | 296쪽 | 신국판 | 값 17,500원

 StarRich Advisor / StarRich Books

스타리치 패밀리 회원이란?

하나의 아이디로 스타리치에서 운영하는 사이트(스타리치 어드바이져, 스타리치북스, 스타리치몰, 스타리치 잉글리시 등)와의 모든 거래 및 서비스 이용을 편리하고 안전하게 사용할 수 있는 스타리치 통합 회원제 서비스입니다.

스타리치 패밀리 회원 혜택

- 스타리치몰에서 사용 가능한 적립 포인트(도서 정가의 5%) 제공
- 스타리치북스에서 주최하는 북콘서트 사전 초대
- 스타리치북스 신간 도서 메일 서비스 제공
- 스타리치 어드바이져/북스에서 주최하는 포럼 및 세미나 정보 제공
- 스타리치 어드바이져에서 제공하는 재무 관련 정보 제공

스타리치 패밀리 회원 등록 기존 스타리치 패밀리 회원일 경우 등록된 ID를 기재 부탁드립니다.

이름		연락처	
주소		생년월일	
이메일 주소		구매 도서명	정인택의 법인컨설팅십
패밀리 회원 ID		소속 (회사 / 학교)	

사용하실 패밀리 회원 ID를 적어주시면 임시 비밀번호를 문자로 발송해드립니다.

접는 선

개인정보 사용 동의서

- 스타리치 패밀리 홈페이지는 수집한 개인정보를 다음의 목적을 위해 활용합니다. 이용자가 제공한 모든 정보는 하기 목적에 필요한 용도 이외로는 사용되지 않으며, 이용 목적이 변경될 시에는 사전동의를 구할 것입니다.

1) 회원관리
① 회원제 서비스 이용 및 제한적 본인 확인제에 따른 본인확인, 개인 식별
② 불량회원의 부정 이용방지와 비인가 사용방지
③ 가입의사 확인, 가입 및 가입횟수 제한
④ 분쟁 조정을 위한 기록보존, 불만처리 등 민원처리, 고지사항 전달

2) 신규 서비스 개발 및 마케팅·광고에의 활용
① 신규 서비스 개발 및 맞춤 서비스 제공
② 통계학적 특성에 따른 서비스 제공 및 광고 게재, 서비스의 유효성 확인
③ 이벤트 및 광고성 정보 제공 및 참여기회 제공
④ 접속빈도 파악 등에 대한 통계

상위 내용에 동의합니다.

년   월   일   서명________________________ (인)

스타리치 패밀리 회원 비밀번호 변경은 www.starrichmall.co.kr에서 하실 수 있습니다.
엽서를 보내주시는 분들에 한하여 스타리치몰에서 사용 가능한 포인트(도서 정가의 5%)를 지급해 드립니다.
앞으로 더욱 다양한 혜택을 드리고자 노력하는 스타리치가 되겠습니다. **문의** 02-6969-8903 starrichbooks@starrich.co.kr